マイナビ新書

官僚に学ぶ仕事術

最小のインプットで最良のアウトプットを実現する霞が関流テクニック

JN280472

久保田 崇

マイナビ新書

◆本文中には、™、©、® などのマークは明記しておりません。
◆本書に掲載されている会社名、製品名は、各社の登録商標または商標です。
◆本書によって生じたいかなる損害につきましても、著者ならびに（株）マイナビは責任を負いかねますので、あらかじめご了承ください。

はじめに

２００９年11月26日、いつものように国会答弁の立ち会いに出かけた私は、激しい頭痛と寒気に襲われ、衆議院青少年特別委員会が開かれていた国会内で倒れ込みました。その年の7月に成立した「子ども・若者育成支援推進法」の法案担当者として、ニート対策に関する質問答弁を前夜にほぼ徹夜で書き上げた翌日の出来事でした。

私は内閣府に勤める官僚です。京都大学に在籍していた１９９７年、京都市宝ヶ池の国立京都国際会館で行われた地球温暖化防止京都会議（ＣＯＰ３）を傍聴した私は、日本のＣＯ２（二酸化炭素）削減目標をめぐって、通産省（現経済産業省）と環境庁（現環境省）の激しい対立に直面しました。日本が諸外国にリーダーシップを発揮して議定書交渉をリードすることが期待されていたにもかかわらず、産業界の利益と環境ＮＰＯ（非営利組織）の期待をそれぞれ背景とした両省の鋭い対立は当時の首相ですら裁定するのが困難で、素人目にも頼りなく思えました。

理系だった私は公務員になる気はそれまで全くなかったのですが、この経験が、国の現場で政策立案をしてみたいというきっかけになりました。

国家公務員採用Ⅰ～Ⅲ種試験を受けて、毎年1万人ほどの国家公務員が誕生する中、Ⅰ種試験（旧上級職）をパスして採用された約600人が幹部候補生として扱われる、いわゆるキャリア官僚と言われます。法学部でもなく、法律の初学者だった私は1年近く自宅に缶詰めになって勉強し、この試験に運よく合格、官僚としての人生をスタートさせました。

官僚になって驚いたことは、政策立案に関わっている実感がほとんどないにもかかわらず、あまりにも多くの仕事量があることでした。資料をコピーして関係者に配布したり、局内の意見を集約したりするだけで、毎晩の帰宅時間は深夜2時とか3時を過ぎてしまい、土日出勤も含めて月に150時間残業していました。中でも、霞が関からほど近い「永田町」に関係するような、国会答弁や法案作成という業務では、霞が関全体が文字通り「不夜城」となり、多くの職員が夜を徹して働いています。

この業務量の多さに耐えかねて、朝、起きられないほどの腰痛に悩まされたり、原因不明のイボが手の指にできたこともありました。冒頭に述べたように、大臣用の国会答弁書作成の徹夜業務がたたって、国会内で倒れたこともありました。夜中まで残業、休日出勤して身を粉にして働いても減らない仕事を、少しでも早く片付ける方法はないものかと、沢山のビジネス書やハウツー本に答えを求めながらも、ストレスに追われ時間のないことを嘆いていたのです。

そのような中、幸運にも英国ケンブリッジ大学に留学する機会をいただき、MBA（経営学修士号）を取得できたことは、大きな転機になりました。私はここで、45の国々から集まったクラスメイト（友人）たちから、それまで出会った日本のエリートたちとは随分と異なる「人生を楽しむ姿勢」を学びました。

英語でコミュニケーションするだけでも四苦八苦していた私にとって、朝から晩までみっちりと組まれた講義や、日々、プレゼンなどの準備に追われるMBAのカリキュラムは、正直言って苦行のようでした。しかし、多くのクラスメイトたちは涼しい顔で、パブナイトやバーベキュー、ケム川でのパンティング（ボート下り）に毎週のように繰り出していきました。そして授業になると一転、重要な箇所では論理的に自分の意見を述べたり（もちろん時には野外の芝生に寝そべって聞く授業があったり、気さくな講師と生徒との漫才のような双方向のコミュニケーションなど、肩の力を抜いた授業も数多くありましたが）、他のクラスメイトの参考になるように自国のビジネス環境について解説するのです。このような、彼らの「緩急のつけ方」には大いに感心させられました。

それまでは無駄を排除して徹底的に効率的になることが成果を出す方法だと思い込んでいましたが、このような英国での経験から、一見「遊び」に見えることに時間を使ったり、リラックスして人生を楽しむ姿勢こそが、世界最高峰の大学でも実行されている、質の高いアウトプットを生み出す方法であることに気づかされたのです。

このような経験から、私もプライベートを大切にしながら働くという姿勢に変わっていきました。今では、過酷な労働環境で知られる霞が関においてもワーク・ライフ・バランスを実現し、仕事を早く終わらせたらすぐに帰宅して好きな読書を楽しむ毎日を送っています。また、余暇には「官民協働ネットワーククロスオーバー21」や「新しい霞ヶ関を創る若手の会（プロジェクトK）」などの活動に参加する時間を十分に確保できるようになりました。おかげで、自分とは異なる新しい考え方を持った人たちと出会う機会なども増え、日々、知識や視野が広がっていくのを実感しています。実際、霞が関を観察してみると、いつも気忙しくカリカリと働いている人より、余裕のある雰囲気を醸し出している人の方が、周囲からも「仕事がデキる」と高く評価され出世しています。そして、この経験をある友人に話したところ、仕事に追われ余裕がないことは、20〜30代のビジネスマン、中でも優秀とされる方に共通の悩みであることがわかってきました。

この本で私がお伝えしようとしていることは、無限にも思える霞が関の仕事をこなす中で培った仕事術です。質の高い仕事をこなすために必要と思われる人脈術、読書術、英語術も併せて紹介しました。これまで既にたくさんのビジネス書を読んで勉強したり、セミナーなどにも積極的に参加してきたけれど、何となく忙しさは解消されず充実感も得られていないという人たちにこそ、得るものがあると思っています。

「官僚」に対する世間のイメージは決してよくはありません。官僚全員が、私利私欲や省益を優先し、天下りを狙っているように思われているようです。しかし実際は、20代、30代の若手官僚は自らが退職する30年後には天下りなど存続しているはずがないと冷ややかにみていますし、危機感と希望を持って「新しい霞ヶ関を創る若手の会(プロジェクトK)」などの活動に参加しているのです。

本書では霞が関の暴露ネタを披露するような意図はありません。現状に問題があることは明らかですが、霞が関内部に勤める身としては、あくまで建設的な議論と現場の努力により国民全体の利益となる改革がなされるべきと考えているからです。

仕事とプライベートの充実は、本当に豊かな人生を送るためには欠かせません。しかしその2つは、切り離されたものではなく、効率よく仕事をこなしてこそ、プライベートに十分時間を割くことができ、またそれが、仕事面でも質の高いアウトプットを生み出します。本書で紹介する仕事術が、いつも忙しいあなたに少しでもお役に立てれば幸いです。

2011年5月　久保田　崇

官僚に学ぶ仕事術

目次

第1章　霞が関で求められる仕事術

第2章　キャリア官僚の人脈術&コミュニケーション術

第3章　トップ1%になる官僚の読書術

第4章　世界の現場で通用する英語術

第5章　仕事を充実させる官僚のプライベートライフ

第1章

霞が関で求められる仕事術

霞が関で最優先の仕事とは

「官僚」という職業に、どんなイメージを持たれるでしょうか？
「何か悪いことをやっていそう」というものから、「国のために身を捧げて仕事をしている」と、180度違うイメージで語られてしまうことも多いのですが、その実態についてはあまり知られていません。

官僚である私の職場は東京都千代田区の「霞が関」にあります。官庁ビルが乱立する「霞が関」は、日本の中央官界の代名詞としても使われます。同じく、政界を指す言葉として使われる、国会議事堂や議員会館が所在する「永田町」は、霞が関から徒歩圏内です。

この**霞が関で働く官僚にとって最優先の仕事は、霞が関から最も近い永田町に関係する仕事**です。

例えば、国会答弁作成という業務があります。国会における答弁は、国政の重要課題について政府の考え方を示す最重要と言える機会です。国会での答弁は政府を拘束し、また逆に、国会での失言は政権全体へのダメージにつながりかねません。そのため、答弁者である総理大臣や他の大臣はその一言一句に気を使い、また質問者（多くは野党議員）は練りに練った質問を前日までに準備して臨みます。

質問内容が判明するのは多くが前日（しかも深夜）ですが、翌日の委員会での質問ですから、翌日の早朝には答弁者である大臣（副大臣・大臣政務官）等に官僚が答弁内容のブリーフィングを行う必要があるため、徹夜してでも答弁書を仕上げます。

まさに時間との勝負。この答弁書作成を一手に担っているのが官僚です。答弁内容によっては、自分の省のみでは完結せずに、他省庁との調整が必要なものもあるため、その場合は、他省庁と深夜の調整も行った上で答弁を書き上げます。府省のトップである大臣の答弁ですから、大臣の手に渡る前に、課長、部局長への事前了解も必須です。

課長、局長や官房総務課、大臣秘書官などの細かいチェックを経て答弁書ができあがると、答弁をしない官僚も翌日は国会の委員会で、大臣答弁のサポートや、質疑内容の確認のために立ち会いに出かけます（局長クラスの官僚は答弁を求められることもあります）。大臣が、想定外の質問を議員にされて困っているときには、メモをさっと出して大臣の答弁を支えるのです（ただし、実際にはメモが間に合うケースは稀で、想定外の質問には大臣が自分の言葉で適宜切り抜けたりすることも多いです）。

もう1つの立ち会いの目的は、答弁内容の確認です。国会答弁は最高責任者である大臣が公式に答える場です。その後の政策内容を拘束しますので、細かいニュアンスを含め、文字通り一言一句を確認します。答弁書と違う内容を大臣が自分の言葉で答弁することもあるので、国会TV中継が入る霞が関では、国会に随行しない若手職員が大臣の答弁を録画しています。また、実際には答弁書を作ったけれども、質問時間が限られているために質問自体が飛んでしまうこともあります（これを「空振り」と言います）。

「はじめに」にも書きましたが、私はかつて、体調が悪い日に無理をしてほぼ徹夜で国会答弁を書き上げた翌日、国会内で倒れたことがあります。この日は衆議院青少年特別委員会を翌日に控え、青少年施策を担当していた私にとっては、ほぼ確実に複数の答弁を書き上げなければならないことが予想されていました。そのために、新しくできた法律の地方自治体への説明会のために予定していた沖縄出張を取りやめたくらいです。

実質的な答弁作成者は課長補佐である私なので、代わりはいませんでした。頭痛に苛まれながら何とか夜中12時くらいまでには答弁原案を書き上げ、大臣官房総務課や大臣室に送付した後、答弁チェックをもらうためにさらに2時間ほど待機しました。答弁ＯＫの連絡が来たのでタクシーを使って帰宅。3時頃に床に就きました。

翌朝は大臣・副大臣へ答弁内容の事前ブリーフィングが朝8時からセットされていましたので、少し寝て6時半に家を出て、7時半には再び登庁。それまで激しい頭痛に悩まされながら、ブリーフィングをこなしましたが、9時から始まった委員会の立ち会い中、ついに耐え切れなくなり、トイレに駆け込んで倒れ込みました。幸い、吐いたのは国会内トイレの中でしたので、国会の審議をストップさせて迷惑をかけるようなことはありませんでした。本当によかったと思っています。

法案を抱えている場合は、その法案を集中的に審議する委員会において、必然的に質問を一晩で何十問（場合によっては100問以上）ももらうことになるので、その場合は朝まで答弁を書き続けて、翌日9時からの委員会にギリギリ間に合うか、という時間との戦いとなります。このように、国会答弁作成というのは、霞が関において全てに優先する最重要な業務です。

1～6月までの通常国会開会中と9～11月頃までの臨時国会（「臨時国会」と言ってもほぼ毎年のように開かれるのですが）中は、いつでも翌日の国会で自分の担当分野の質問をもらうことがあるので、常に臨戦態勢を強いられます。

ちなみに、国会開会中は毎晩、一応の定時である18時15分を過ぎると、国会係から、「今日の国会対応は、明日の衆議院○○委員会の質問が判明していないため、『全面待機』とします」などという省内放送が入ります。特に、次年度予算案審議のため、衆議院・参議院の各予算委員会が頻繁に開催される1～3月の間は、かなりの高確率で「全面待機」となります。この放送が入ると、国会対応が必要な職員は（特に若手が多いのですが）、「あぁ今日も長くなりそうだな」と気が滅入ったりしています（最後の質問が判明するまでは、どの省のどの分野の質問かわからないため、非効率ですが、霞が関全体に待機がかかります）。外部の方は、この放送が入る時間帯（18時15分）に省内に居合わせると、びっくりされますが、私たちにとっては日常風景です（笑）。

ちなみに、この放送を入れるのも、官房総務課に所属する1年生（または一番若い職員）の重要な役割です。

このように、霞が関ではほぼ年中、国会対応が必要なため、深夜残業の大きな要因になっています。そして、国会対応は、全ての業務に優先するため、国会開会中は幹部や国会担当者は出張や異動を控えているほどです。逆に言うと、いつこのような最優先の仕事が入ってきても大丈夫なように、ルーチン業務などは早めに処理しています。

国会答弁作成テクニック

それでは、どんなポイントに気をつけて官僚は答弁書を作っているのでしょうか？

答弁書では、政策内容を簡潔にまとめる力が必要です。聞かれた内容について必ずしも詳しくない大臣が答弁者なので、要点だけを絞ってわかりやすく書く必要があります（実際、答弁書の文字の大きさは20ポイントなど、読み上げやすい大きな文字と決まっています）。また、「○○問題について、○○大臣の見解を問う」などと質問された場合、仮にマイナーな問題であったとしても、「○○問題については、政府として特に取り組んでいない」とは答えられない（「なぜ何もやっていないんですか、大臣？」とさらに追及される）ので、小さなことでもいいから何かしらやっていること（例えばちょっとした調査や情報収集、関係者や関係省庁間の連絡会議）に言及して逃げ切ります。

しかしながら、そもそも質問自体が難しいと、答弁の工夫のしようもありません。もちろん、何とか答弁書の作成をしますが、作業に長時間を要するので、徹夜が確定してしまいます（もちろん徹夜云々は官僚側の事情であり、国政の重要課題を審議する国会の前では、瑣末な事情にすぎませんが）。例えば、「その政策に関する海外の事情はどうか？」と聞かれても、その時点で海外事情の調査を行っていなければ、一晩でどうにかなるものではありません。せいぜい、「今後、海外調査の実施も含め、検討してまいります」程度の答弁となります（この答弁の意図は海外調査を実施するかしないかを検討するという意味であり、実施する前提ではありません）。このように、質問内容によっては、答弁作成作業に困難を来します。

したがって、**国会答弁作成のプロセスは、質問をもらってからではなく、実は質問をもらう前に既に始まっています。**自分の担当分野に関係がある質問が翌日の国会で出そうだという連絡が入ると、課長補佐（または係長）クラスが夕方頃、永田町の議員会館に出向いて、国会議員かその秘書から「質問取り」を行います。質問内容を事前に聴取するためです。

この質問取りにより、その後の作業の量が決まってくるので、**ただ議員が言っている内容を聞き取るだけではなく、大臣が答弁しやすいように質問内容を誘導すること**も行います。可能であれば、こちらとしてもアピールしたいような政府側の取り組み（例えば、新しくできた法律内容）をうまく紹介できるような質問に誘導します。

もっとも、「誘導」がいつもうまくいくとは限りませんし、政府側が答えたくない質問だったとしても、議員がどうしても聞きたいと主張すれば、官僚の立場で拒否できるものではありません。

また、他省庁への質問内容にもかかわらず自分の省庁へ質問を振られそうになったらうまく逃げることも必要です（質問する議員の側は、その質問がどの省庁に対するものなのかわかっていないことも多いのですが)。なぜなら、他省庁(すなわち他の大臣)への質問を引き取ってしまうと、自省の担当大臣は答えることができず、答弁案の作成に非常に難儀するからです。私も、所掌外(つまり他省庁の担当)の質問をどうしても内閣府に聞きたいというある議員に押し切られて質問を拾ってきてしまい、職場に戻って大いに叱られた経験があります(ただし、議員が絶対に内閣府に聞くと言い張ったので、議員より立場の弱い私は拒否できるはずもないのですが)。

実際、他省庁の質問を無理に答えるとなると、答弁の材料となるデータや政策内容に関する材料が手元にないので他省庁からもらい、答弁案を作成しなければなりません。さらに、他省庁にしてみれば、勝手な答弁をされてはたまらないので、必ず答弁書を事前にチェックさせてほしいと要求してきます。答弁案の確定に時間がかかるだけでなく、各方面に非常に気を使うことが必要となってくるわけです。

このように、官僚は質問内容の事前聴取に非常に気を使います。力量のある官僚は、答弁しやすい質問内容に誘導することにより、作業量とスピードを短縮しています。

3分でタイムアウト！　政治家にはこう説明する

官僚の仕事の中には、国会での質問取り以外にも、国会議員に対して「ご説明」する機会が沢山あります。自分の省庁内の大臣・副大臣・大臣政務官という、上司にあたる国会議員のほか、国会の関係委員会所属議員、民主党政権下では少なくなりましたが、与党の部会（政調）所属議員など。こうした議員は分刻みのスケジュールで多忙にしていることが多く、また官僚を呼びつけるような高圧的な態度で接することもあります。**課長級以上の最も重要な仕事は国会議員といかに付き合うか**だと言ってもいいくらいです。

そのような忙しい政治家だから、概ね説明のために与えられる時間は3分程度。その中で、担当する政策案件の背景、問題点、打ち出そうとする政策の内容などを簡潔に説明しなければなりません。そのため、1枚紙と呼ばれる、要点を簡潔に記載した1枚のペーパーを用意します。

例えば、今はもう引退してしまった某大物政治家は、官僚からの「ご説明」に対し、最初の30秒で興味を引くことがなければ怒り出すそうです。その30秒を怒られずにやり過ごすことができた者のみが、次の2分30秒の説明が許されるというわけです。最初の30秒で議員の関心を「つかむ」ためには、説明者の力量が問われます。

このためには、例えば、その政治家の地元のデータを示すことも役に立ちます。フリーターに対する支援策を検討しているとすると、「○○先生の地元の○○県ではフリーターが○○人ほどいるようです。全国的には○○人ほどで、大きな問題となっているので対策を講じなければなりません」など。ここでうまく「つかむ」ことができれば、実際にやろうとしている政策の中身の話に入っていけるのです。

そのような短時間の説明であっても、頭の回転の速い政治家は、「こういうことだな」と確認したり、ポイントを突いた質問をします。さらに、その案件に共感してもらえれば、他の有力関係議員に話を通してくれたりと、力添えをしてくれるケースもあります。優秀とされる官僚（特に課長以上）は、こうした応援してくれる議員の誰を知っているか、どのくらい太いパイプを持っているかで測られるのです（民主党政権になって、党の意思決定は政府内の大臣・副大臣・大臣政務官の三役に集約されることになりましたので、こうした政府外の有力議員への根回しは減少しています）。

各省折衝と交渉力

日本の役所は「縦割り」だとよく言われます。各省庁がそれぞれの立場から縄張り争いを主張して譲らない結果、セクショナリズムに陥っているのです。

この1つの原因は、閣議ではコンセンサスを原則としているため、どこか1つの省庁が反対すれば、その政策は実現しないことが挙げられます。この結果、新しい政策（または現状に変化を及ぼす政策決定）を行おうとする省庁は、他の全ての省庁の合意を取り付けることが不可欠となるわけです。ところが、日本の公務員は政府職員としての一括採用となっておらず、いずれかの省庁に所属しています。採用・昇進・異動・退職まで一貫して所属省庁のお世話になります。このため、職員は日本政府の職員というより、○○省の職員という意識を持つのが一般的です。このことが、各省協議の際にも悪影響を及ぼしており、「他社」である他省庁の政策に意地になって反対したり、徹底的につぶしにかかったりすることがあるのです。

霞が関では毎年100本以上の法案が立案されますが、法案は全て閣議案件となるため、各省協議を行って全省庁の了解を取るプロセスが必須です。1つでも反対する省庁があると、閣議に通りません（「反対」と言っても、法案全体の趣旨に異を唱えるケースは稀で、小さな論点（1つの条文の1つの言葉）に反対のため、法案全体に賛成できないというケースが多いです）。

このための交渉は、細かいやりとりになりますので、課長補佐、係長クラスで担当することが多いのですが、難航することが多々あります。どちらの省庁も、譲らないのです。法案を立案した省庁は、一定の期限までに閣議決定を経て国会に法案を提出しなければ、成立しなくなってしまうので、必死になります（国会提出が遅くなると、国会で否決されなくても、審議日数が足りずに廃案となります。これを避けるために早期の国会提出が必要なのです）。**法案の作成は霞が関では最大の優先順位を与えられているので、深夜までかかっても、朝までかかっても他省庁を説得にかかります。**

それでも合意が取れなければ、課長、審議官、局長やそれ以上まで折衝レベルを上げて決着を図るか、一部において妥協してでも合意を優先していきます。

私自身も、ある法案を担当して各省協議をした際には、幾つかの省庁から何百問もの質問を一晩のうちにもらい、朝までかかってそれを全てペーパーにして回答しました（質問と回答は、誤りを避けるためペーパーで交換するのがルールです）。それでも幾つかの論点については、課長折衝や官邸に裁きを依頼することでようやく決着しました。

ただしこの折衝においては、どちらの政策が優れているのか、という政策論議はほとんどありません。そのような政策論議は、政治家同士の議論ならば意味がありますが、価値判断に属する事柄は各省同士で議論してもお互いに譲りませんので、永遠に結論が出ないからです。むしろ、**他の法律や前例などを根拠に、少しでも有利な材料を提示することにより、論理的に説得できる方向**を目指します。その過程で、相手方省庁の立場や政策内容を熟知することにより、相手方主張のポイント、どのくらいこだわるのか（誰が＝どのレベルの幹部がこだわっているのか）、妥協できそうな点はどこかというのを、探っていきます。この経験を積むと、交渉ごとのいわゆる「おとしどころ」に関する相場観が養われます。

このように、各省協議は非常に時間と労力がかかるプロセスですが、ここで必死になって議論をするので、交渉力が磨かれることも事実です。

1日100通のメールを処理する官僚1年生

一口に「官僚」と言っても、全ての官僚が国会答弁を書いたり、各省折衝を任されるわけではありません。それでは、「官僚」の1年生は何をしているのでしょうか？

各局（局にもよりますが、一般に数十人から100人程度の職員が所属）の総括係に配属されることが多い官僚1年生には、官房総務課などといった省庁全体の窓口から、法令協議や作業依頼のメールが1日に100通以上配信されます。その中から、自分の部署に関係がある情報だけを抽出して関係者に配布することが基本業務です。

例えばこの中には、各種の白書や政府の○○計画などの各省協議が多数含まれます。白書や計画は、ある省庁が原案の作成をしますが、1つの省だけで完結することは少なく、多くの省庁が原稿を分担して執筆します。また、原案は全ての省庁がネガティブチェック（記載内容の事実関係の確認など）を行います。このための協議の時間が数日間確保されています。各省各局の総括係はこうした案件も、締切内に、局内の意見をまとめて提出しなければなりません。他の仕事に追われて、局内の担当者に協議案件の伝達が遅れると、原案のチェックのための時間が十分に取れないため、大目玉を食らいます（**締切時刻が過ぎると、意見がないものとして扱うのが霞が関のルール**です。なお、各省協議の締切は、原則として延ばしてもらえません）。私も1年生のときには、何度かこうした失敗をして、先輩に厳しく怒られていました（笑）。

局長や官房審議官などの幹部に、国会対応などの重要情報を伝達するのも1年生の仕事の1つです。幹部には、ポイントのみを簡潔に伝えます。この場合の「ポイント」とは、翌日の国会審議では「バッター」は誰と誰で（質疑者である国会議員のことを霞が関用語で「バッター」と言います）、このバッターは以前、自局の政策案件について資料要求をしてきたので要注意、このバッターは既に質疑内容を通告していて、他省庁宛の質問内容であるため、自局は安全である、などといった情報です。これらの内容を元に、幹部は遅くまで残ったり（そのようなケースは法案を抱えていない限り、非常に稀ですが）、自宅待機したり、夜の予定を調整したりするのです。幹部は一般に非常に忙しいので、重要度の低い情報をいちいち伝えると、煙たがられます。その一方で、重要な情報の伝達を忘れると、これも大目玉を食らいます。

このような形で、若手の官僚には、**必要な情報とそうでない情報を取捨選択する力、そして各局内でどのような仕事が行われているかを把握する力**が養われるのです。

今思い返してみると、官僚としての最初の1年間は、自分の席にいるより、資料をコピーするためにコピー機の前にいることの方が多かったことを思い出します。今ではメールを転送することで担当者に資料を送付するのが一般的になりましたが、当時はまだ法案の各省協議の資料は必ず紙媒体でしたし、FAXで来る資料を扱うことも多くあり、地道にコピーして配布していたのです。このように、1年生の立場では、自分が政策作りそのものに関わることはなく、担当者に対し、情報を伝達することに終始していました。それでも、政策作りの交差点の真ん中で交通整理をするような仕事だったため、国の仕事の進め方がよくわかりました。

また、1年生の最後の3ヶ月は、当時その局が抱えていた法案作成に関わることができました。関わることができたと言えば聞こえはいいですが、いわゆる「人狩り」にあったということです（笑）。その法案は障害者関連の法案だったのですが、障害者施策の担当者だけでは人員が足りずに、1年生である私にも仕事が回ってきました。新しく作る法律案の中に引用される他の法律をひたすらリストアップするという非常に地道な仕事（いわゆる「参照条文」の作成業務）ではありましたが、泣く子も黙る「内閣法制局」に提出する資料を自分が作成するということを1年生から担当させてもらい、身が引き締まったことを思い出します。

ある日の仕事内容

官僚は国会業務以外の日常ではどのように仕事をしているのでしょうか？

例えば、自分のメモ帳のToDoリストに、以下の案件を、「やるべき仕事」として書き出すところからスタートします（多くの官僚がメモ帳などにやることリストを作っていると思いますが、以下はあくまで私の仕事のやり方を示します）。

①部署内の異動者のための歓送迎会のセット（またはセットすることの指示）
②広報誌に掲載した政策内容のチェック
③政策内容を掲載した府省のホームページの更新内容の企画
④数ヶ月後に控えた行事に主賓として招く講演者の人選
⑤部署内の出張者に関する決裁書（出張命令）のチェック
⑥来年度予算案の新規施策の検討
⑦大臣への相談案件の資料作成
⑧翌日の行事で頼まれている主催者挨拶（自分が挨拶する案件）のドラフト作成
⑨来月の行事で大臣に出席を依頼する案件での挨拶案作成

やや長期的な課題である④⑥については、仕事の進め方を検討するというレベルで本日はよしとすることとします。それ以外は本日中に処理（あるいは原案を作成）することが必要だとします（なお、①の歓送迎会は業務時間外に行われ、公費も支出されませんので公務ではありませんが、事実上出席が強制されるものなので、ここでは便宜上業務として扱います）。

まず、**自分だけで完結する仕事か、他人が絡む仕事かを区別し他人が絡む仕事を優先的に処理**していきます。この場合、自分だけで完結する仕事である⑧は後回しにします（午後、他の仕事が片付いてから、手をつけます。場合によっては定時終了後、残業で処理することになります）。

他は全て、他人が絡む仕事ですのでどこから手をつけるべきか迷うところですが、私の場合は1日のスタート、特に**午前中はできるだけ頭を使って考える仕事**を行います。この中では④⑥⑦⑨あたりが該当します。

例えば「④数ヶ月後に控えた行事に主賓として招く講演者の人選」については、手始めに過去10年の同種の行事での講演者のリストアップや、関係幹部・有識者への雑談ベースでのヒアリングをしよう、などと考えます。いきなり1人の候補者を提案するのではなく、どういう基準でいかなる分野、いかなる経験を持つ人間を選ぶのかということをまず考えます。そして、その基準に合う人物を複数挙げてみます。このように慎重に進める理由は、**上司や幹部、関係者のコンセンサスを得ていく過程で、選定理由について自分が説明責任を負う**からです。

次に「⑥来年度予算案の新規施策の検討」について。これもいきなり新規施策をやみくもに考えるのではなく、現在予算を伴う施策の中で、不満な点がないだろうか、などと考えます。**その不満な点を解消するような施策はないだろうか**、とさらに思考を進めます（なお、現在は国の予算も縮小傾向なので、新規予算要求は既存施策のスクラップとのセットで行われるのが通常です。既存施策の廃止・見直しのみを検討せざるを得ないこともあります）。次にそのようなキーワードで、海外や他省庁、自治体、民間で行われている施策や取り組みについての情報をネット検索で収集します（後日、書籍や雑誌でさらに情報収集することもあります）。

「⑦大臣への相談案件の資料作成」について。大臣に説明したい内容を、メモ帳に書き出します（どの案件を大臣まで相談するかについても、大臣側から指示されるケースもありますが、通常は官僚側が決めています）。その中から、最小限の項目数になるように絞り、例えば3つの柱などに整理します。次に、その大臣自身や説明者となる局長などの幹部から、これまでのレクチャーの際に指摘されたことや、資料の作りについての好みなども考え合わせ、資料を作成します（この段階で、例えばパワーポイントかワード文書か、また「色」の使い方や添付参考資料の量などを考えます）。基本的には**可能な限り文字の量を抑え、ひと目見てわかりやすい資料とし、添付参考資料も最小限に抑えること**が必要です。この資料は原案ができたら上司である課長↓説明者である局長の順で了解を得ていきます。

「⑨来月の行事で大臣に出席を依頼する案件での挨拶案作成」について、前年の前例などを参考にした上で、本年の相違点を更新した挨拶案（この時点では、前年とほぼ同様な無難な案）をまず作成します。そして、「大臣ワード」や今年度事業の特色などを加味して、さらによい案にできないか、検討を細かく加えていきます。

午後になったら、⑦⑨の原案ができていれば、上司に見せて了解を得ていくプロセスに進み、また残りの案件である①②③⑤についてどんどん処理していきます。例えば①は注意点（実施日についての候補など）を示して部下にセッティングを指示します。②はざっと読んでみて問題がないかどうか（事実と間違っていることが書かれていないか）、ネガティブチェックを行います。③は更新内容の洗い出しや、その他必要な更新内容がないか考え、必要があれば部下にも協力してもらいます。⑤は決裁書を確認し、問題や疑問点があれば起案者（通常係長以下が起案者となる）に尋ねます。問題がないと思えばハンコを押して、起案者に返します。

案件は処理が終わったらメモ帳に取消線を引いて、消していきます。こうすることで「仕事が進んだな」と満足感を得ることができます（単純化して書いていますが、1日の途中で新たな仕事が割り込んでくることも日常茶飯事なので、メモ帳に加える仕事も生じます。国会答弁の業務が割り込んできたら、メモ帳や全ての仕事は即座に放り出して、国会業務に集中します）。

最後に、自分のみで完結する「⑧翌日の行事で頼まれている主催者挨拶（自分が挨拶する案件）のドラフト作成」を終えて、その日の仕事は終了です。翌日に行う予定の案件をメモ帳に新たに書き出して、退庁します。

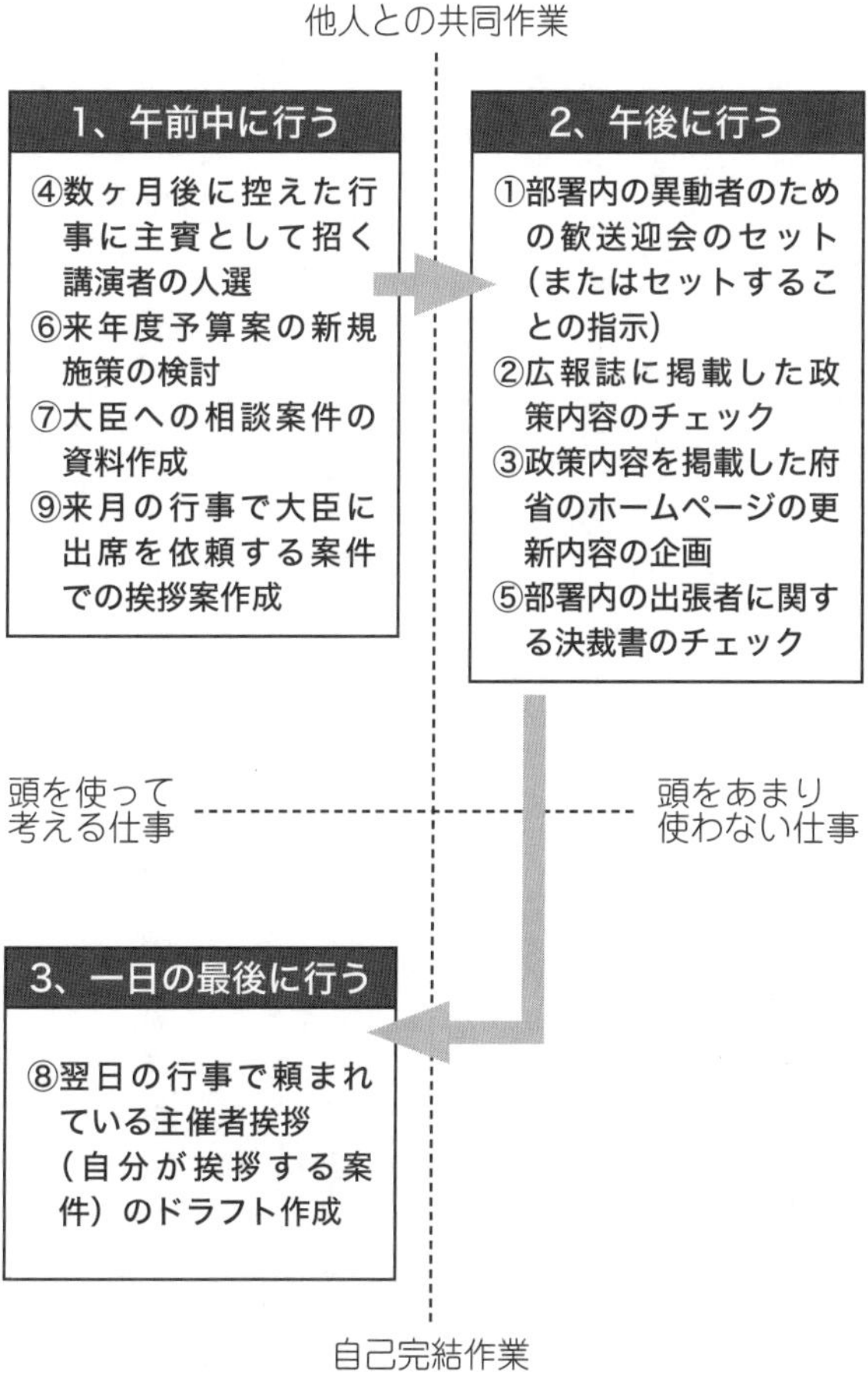
他人との共同作業
1、午前中に行う
④数ヶ月後に控えた行事に主賓として招く講演者の人選
⑥来年度予算案の新規施策の検討
⑦大臣への相談案件の資料作成
⑨来月の行事で大臣に出席を依頼する案件での挨拶案作成
2、午後に行う
①部署内の異動者のための歓送迎会のセット（またはセットすることの指示）
②広報誌に掲載した政策内容のチェック
③政策内容を掲載した府省のホームページの更新内容の企画
⑤部署内の出張者に関する決裁書のチェック
頭を使って考える仕事
頭をあまり使わない仕事
3、一日の最後に行う
⑧翌日の行事で頼まれている主催者挨拶（自分が挨拶する案件）のドラフト作成
自己完結作業

ある日の仕事内容

大臣や幹部の挨拶案作成術

法律案や国会答弁のみならず、文書作成は官僚の基本業務です。その中で、大臣や幹部の挨拶案を作成することがあります。主管業務の関係行事などで大臣や幹部が出席する場合は読み上げる原稿が必要ですし、出席しない場合であっても、当日配布される資料や後日発行される報告書には、主催者である府省を代表して、大臣や幹部のメッセージが掲載されることが多いからです（なお、政治任用スタッフが多い英米では、大統領や首相専属のスピーチライターがいますが、日本では専属ライターはおらず、各分野の業務を担当している官僚がスピーチ原稿を作成します）。

こういった文章案を作成するに当たり、前年の行事の際に使用した挨拶案など、前例を踏襲するのが一番単純なやり方ではありますが、こういったやり方は挨拶案の審査担当（部局内の総括係や、官房総務課審査係）からはダメ出しされる場合があります。仮に審査担当部署をクリアしたとしても、実際に幹部本人や大臣秘書官まで上がった段階で、やり直しを命じられることもあります。

特に、大臣（または副大臣、大臣政務官を含めた政務三役）は政治家なので、官僚的な言い回しや当たり障りのない文章は嫌う傾向があります（そのため、原稿は直されなくても、当日自分の言葉で挨拶される場合もあります。これは、国会答弁書についても同様です）。

そのような場合は、「大臣ワード」を挨拶案の中にちりばめておくと喜ばれます。大臣ワードとは、その大臣が好んで使う言い回しや、所信表明演説の時に使用した言葉を指します。例えば小泉純一郎総理は「改革なくして成長なし」という言葉を好んで使われていました。このような言葉を、挨拶案の中にも入れておくわけです。

現代の仕事で求められているものとは

これまで、官僚の主な仕事を紹介してきましたが、現代の仕事（特にホワイトカラーの）の多くに求められるのは、**質より量、特にスピード**ではないでしょうか。少なくとも、私の官僚の10年間の経験で言えば、**仕事の質は失敗なく処理すること**であり、それ以外の成果物の質については、一定のレベルを満たしてさえいれば、それほど問題になりませんでした。むしろ、**大量の仕事を時間内に処理すること、それもできる限り「速く」処理すること**が求められていました。遅ければ終電を逃してでも、また睡眠時間を削ってでも処理しなければならなかったため、仕事を速く処理することは、（自分の健康を守るためにも）至上命題だったのです。

私は内閣府に入ってから、10年間で10のポストを経験する中で、そのようなスピード感を鍛えられたように思います。

①内閣府共生社会政策担当（情報の整理・伝達を行う総括係）
②内閣府大臣官房会計課企画法規係（情報公開請求対応など）
③経済産業省資源エネルギー庁石油精製備蓄課（石油備蓄施設の安全管理や予算）
④人事院長期在外研究員（英国ケンブリッジ大学経営学部修士課程）
⑤人事院長期在外研究員（英国ヨーク大学政治学部修士課程）
⑥内閣府北方対策本部（ビザなし交流の船舶確保など）

⑦内閣府共生社会政策担当（インターネット上の青少年有害情報対策）
⑧内閣府共生社会政策担当（子ども・若者育成支援推進法の立案）
⑨内閣府共生社会政策担当（子ども・若者育成支援推進法成立後の施行準備）
⑩内閣府共生社会政策担当（青年国際交流の予算、安全管理など）

もともと国家公務員には概ね2年で1ポストという慣行がありますが、若手には、早めに様々な部署の経験を積ませるために1年程度で異動させることもあります。ただし、通常は入省3～4年目まででそういった育成課程は終了するので、私の場合は平均的な異動期間よりやや短めと言えます。それぞれのポストには平均で1年、長くて2年、短い場合には6ヶ月の間在籍しましたが、それぞれの期間内に、所定の成果を出す必要がありました。

平均在籍期間が1年だとすれば、1年目は仕事を覚えて2年目に成果を出す、といった悠長なことは言っていられません。このため、異動したその日からフルスロットルで仕事に取り組んできました。国には、例えば法律作成技術といった実務的なテーマについて充実した研修制度は存在しないため、ＯＪＴ（オン・ザ・ジョブ・トレーニング、実際の仕事を通じた教育訓練のこと）で学んでいくこととなります。

私が経験した全ての職場においても、ＯＪＴをしながら成果を出す必要に迫られ、アウトプットを見据えて必要最小限のことのみ行うクセがつきました。

法案作りのプロセス

私が仕事をする上で心がけているのは、仕事上期待されたアウトプット（成果）から逆算して、必要最小限なことだけ、骨格のみをまず押さえるということです。

例えば、国においては最大の仕事と言える「法案を作る」というプロジェクトを逆算して分解し、通常国会（毎年1月から開始する１５０日間の国会会期）の会期末（6～7月）に成立させるとすると、概ね以下のようになります。

①特定の課題について対策を審議してまとめる（12月まで）

②法案の骨子を固める（12月）
③法案を条文ベースで作成する（1～2月）
④法案について内閣法制局の了解を得る（2月）
⑤法案の中身について各省協議を行う（2月）
⑥法案を政府が閣議決定して国会に提出（3月）
⑦国会において衆議院・参議院の各委員会で審議（6月）
⑧国会本会議で可決成立（7月）

法案の作成は、大きく2つの段階に分けられます。政府が法案を国会に提出するまで（①～⑥）と、国会での法案審議・成立（⑦⑧）です。このうち、後半の段階は国会議員中心に行われますが、前半の作業は主に官僚によって行われます（正確には、いわゆる議員立法の場合はこの限りではないですが、日本の法案の約7割は官僚の原案作成による内閣提出法案いわゆる「閣法」ですので、ここでは閣法について述べます）。

この分解された作業の後ろの方から、順次、目標時期を定めていきます。法案の成立を7月とするなら、法案の国会提出は3月上旬までに終える必要があり、そのためには各省協議は2月下旬まで、内閣法制局了解は2月中旬まで、といった具合です。

このように全体のお尻を決めることで、①～⑧それぞれの項目についても、デッドライン（締切）が決まります。例えば③の法案作成は3名のメンバーで分担し、自分は法案の第○条～○条までを、○日までに仕上げる、といったように。

法案作成のようにチームで作業するときには、このようなスケジュールについて、チーム内でも、また、関係者間でもよく共有しておくことが重要です。そうすることにより、抜け落ちているプロセスや、必要な資料が必要な関係者に届いていないといった情報が関係者から提供されることになります（大体は、苦情や苦言といった形で届きますが、大事に至る前に発覚させることが重要です）。

法案作成のプロセス

	主な担当	12月	1月	2月	3月	4月	5月	6月	7月
①特定の課題について対策を審議してまとめる	官僚	●							
②法案の骨子を固める	官僚	●							
③法案を条文ベースで作成する	官僚		●	●					
④法案について内閣法制局の了解を得る	官僚			●					
⑤法案の中身について各省協議を行う	官僚			●					
⑥法案を政府が閣議決定して国会に提出	官僚				●				
⑦国会において衆議院・参議院の各委員会で審議	国会議員					審議の準備期間		●	
⑧国会本会議で可決成立	国会議員								●

※●は各作業の実施期間を示す

出世する人の特徴

仕事がデキる人とは、どんな人なのでしょうか。

中谷彰宏さんは、著書『複業の達人』（メディアファクトリー）の中で、「忙しいからこそ複業（複数の仕事）ができるんだ。本当に忙しい人ほど、悠々としているものなのだ」と述べています。

これは私がこれまで見てきた政治家や幹部の方、それに仕事がデキると評判の同僚にも一致します。忙しい人は、なぜ忙しいのでしょうか。それは、**デキるから、一般より能力が高いから、多くの仕事、重要な仕事を任される**のです。結果として、忙しいポジションに就いているわけです（デキない場合は、忙しいポジションが務まらないから、閑職に回されます）。その中で業務をこなしているから、「忙しさ」をどうさばくのかという技術にさらに磨きがかかります。結果として、余裕を持っている方が多いのです。

例えば、出世コースと言われる大臣秘書官、中でも総理大臣秘書官や内閣官房長官秘書官を経験されている方というのは、余裕があって落ち着いている人が多いという印象があります。秘書官というのは大臣（総理、官房長官を含む）と各省庁、各部局をつなぐ大変重要なポジションです。

この重要性から、（先輩後輩の上下関係が厳しい役所では普通ありえないことですが）年次が上の局長からも「この件を大臣に伝えてくれ」とお願いされたりするほどです。各部局からは、多数の案件を大臣につないでほしいというリクエストが来ます。それをさばくだけでも大変な判断力が要求されます。

また、緊急事態やすぐに判断をくださなければならないような案件が、24時間携帯電話にかかってきます。私もすぐに報告を入れなければならないような案件があったとき、深夜であることに恐縮しながらも、秘書官の携帯電話に連絡を入れました。優秀な秘書官はその場で判断します。すぐに大臣に入れるのか。あるいは一晩置いて、翌日適切なタイミングで入れるのか。または秘書官預かりとするか。もう少し背景となる情報や詳細な資料で報告を求めるのか。**分刻みで動いている大臣に最も適切なタイミングで伝達するという重要な仕事をしているのが秘書官**です。

そのような緊張感を要する業務の性質上、ピリピリするのも無理はないと思います。しかし、本当に優秀な方はきちんと話を聞いてくれます。決して、部局に不必要な資料を作らせたり、理不尽な説明を求めるようなこともありません。**忙しいポジションに就いていても、余裕を失わない人が、さらに重要なポジションに就いていく。**つまり出世するということです。

官僚に求められる最小限必要なインプット

定例的な業務を行う上で気をつけるべきことは、「無駄な業務を行わないこと」です。もちろん、企画的な新たな会議であれば、議題の設定や会議資料については入念に準備する必要があります。しかし、定例的な会議であれば最小限の労力・時間で準備を行い、新規・企画系の新たな会議に十分な労力と時間を投入するのがよいでしょう。会議資料を作成するときには、参考までに前年の同様な会議資料の確認などは当然行うべきですが、定例的な会議であれば、過去の会議資料全てを時間をかけて読み込む必要はありません。

仕事上のアウトプットを得るためには、様々なインプットが必要となります。業務マニュアルを読み込んだり、その分野の書籍・専門誌等を読み込むことが必要なこともあるでしょう。しかし、その分野のことを何でも知っている専門家でない限り、一般の行政官にとってはインプットというのはやり始めると際限がないので、ハマりすぎないようにむしろ気をつける必要があります。特に、担当分野の知識を多く身につけることは、仕事をしたような気になりますが、実際にはその知識をアウトプットできなければ社会に貢献するという本当の意味で仕事になっておらず、自己満足に終わってしまうため、注意すべきです。

このため、私はアウトプットに必要な部分だけ、つまみ食い的に知識を入れるようにしていました。必要な用語等も、専門誌を漠然と読むより、**アウトプットを意識しながら厳選して頭に刻み込んでいったほうが、効率がよい**のです。

専門家と議論するための知識習得術

官僚の一部には、医師や技官などの専門職もありますが、事務官の多くは、特定の専門職ではなく、一般事務に従事します。私も、法律に多少詳しいくらいで、特定の政策課題の専門家ではありません。

しかしながら、官僚はひとたび命令を受ければ、それが自分の全く知らない分野であっても、政策立案に携わることになります。しかも、**その道30年の専門家と議論できるくらい詳しくなること**が必要です。

私の場合も、英国留学直後に携わった業務は、北方領土に関するものでした。領土問題については全くの素人同然でしたので、文字通りゼロからの勉強が必要でした。しかも当時担当していたプロジェクトは、日露間のビザなし交流に使用する船舶の確保（老朽化した民間チャーター船の代替船舶の確保）という課題でした。その課題をこなすには、北方領土の問題に関する基本的な知識が必要でした。例えば、日本政府の外交的なスタンス、ロシア政府の外交的なスタンス、戦前まで北方領土で暮らしていた元島民たちの状況などがそれに該当します。

さらに、ビザなし交流船舶の確保に取り組むには、私自身が「船」の構造に詳しくなり、国の財政を司る財務省主計局にも十分に費用負担について説明できるようになる必要がありました。当然、船を調達するには予算が必要となり、限られた予算の中で調達するには、どのような仕様（スペック）が適当かを見極める必要があるからです。

このため当時は、私の机の上には「船のしくみ」といった本が常に置かれており、フィンスタビライザー・アンチローリングタンク（減揺装置）といった専門用語や、旅客数に応じてエレベーターや対応客室の数などを定めた交通バリアフリー法などを詳しく勉強しました。これらの勉強のためには、造船の専門家の大学教授などにいつも教えてもらっていました。

このように常に知識を頭に詰め込む必要があるため、官僚の多くは読書家が多いです。特に、この傾向は、実際に外部の専門家などと直接会って議論することが多い課長以上の幹部に顕著となります。私が尊敬する官僚の先輩の多くは、例外なく読書家でした。事前知識や経験の有無に関わりなく、その分野の担当者となったからには、その分野の書籍や専門書を読破し、知識の集積を一気に図ります。その上で、外部の専門家から問題点や対応策をヒアリングするのです。このように、知識が勝負の官僚は、常にインプットが求められるのです。

省内リソースを把握する

組織の中で認められるためには、組織内の様々なリソース（資源）の使い方を知っていることが重要です。

例えば霞が関の仕事で言えば、俗にヒト・カネ・モノと言われます。

●ヒト

幹部の役職、名前とその人柄を知っていること。どのような案件でどの幹部まで話を入れておく必要があるか知っていること（決裁案件の決裁権者は誰かを把握しておくこと）。部署内の同僚についての情報（入省年次や在職年数、家族構成や趣味、性格）を知っていること。

●カネ

予算の獲得の方法、プロセスを知っていること。予算要求から決定までの年間スケジュール、新規予算獲得のためにいつから準備を始めればよいか知っていること。どのようなポイントを押さえれば財務省主計局が納得するか知っていること。また、予算を使う方法（執行）についてどの程度まで、裁量が許されるのか知っていること。予算が足りない場合の対処の方法を知っていること。

●モノ

法律・政令・省令（府令）を読めること。どの事柄が法律・政令・省令（府令）のどのレベルに規定されているのか知っていること。新しい政策を立案するときにどのレベルを改正すればよいか（あるいはしなくてよいか）について知っていること。国会答弁の書き方や質問取りの方法について、また、法律案の作成方法や作成プロセスについて知っていること。国会対応で気をつけるべきポイントを知っていること。

これらについて、わからないうちは教えてもらうしかないのですが、できる限り早い段階で、自分の頭に入れておかなくてはなりません。そうして初めて、一人前ですし、部下から判断を求められたときに適切に処理することができます。

官僚の時間管理術

官僚の中には、長時間労働を自慢したりするような人がいますが、私は、法案を抱えている期間や、国会対応が必要な日以外は、可能な限り早く帰るように心がけています。国会対応については、委員会日程や質疑の有無は国会の側で決められ、自分ではコントロールできません（三権分立の日本では、「内閣」である政府には「国会」はコントロールできません。総理の予定すら、国会審議に引っ張られてしばしば飛んでしまいます）。また、ひとたび対応が必要となれば、翌朝までがデッドラインですから、徹夜対応が確定するようなものです。

しかしながら、国会対応以外の自分の仕事については、ほとんどが自分でコントロールできる事柄です。例えば予算の資料作成についても、今夜頑張ってやるか、明朝早く来て仕上げるかは選択できますし、そもそも今日の日中、効率的にやれば残業なしでできるかもしれないのです。

そういう意味で私は朝はまだまだ活用できると考えていますので、しばしば残業せずに帰って、翌朝早く来て資料を作ったりしています。睡眠時間を削るのは健康に悪いですし、朝の方が、頭がすっきりして効率的に作業ができるからです（国会答弁も、すっきりした頭の状態で作成したいものですが、笑）。

また、早く帰ることができる部署に運よく異動できた場合は、留学のための英語の勉強など、せっかくの自由になる時間を効果的に使うことを考えます。実際、留学前は、登庁前に英語スクールに通ったり、スターバックスで勉強してから登庁したりしていました。

また、私は待つのが嫌いなので、昼は12時少し前に外に出て「早弁」することにしています。12時15分からが昼休みということになっていますが、その時間から外食に出ると、私のオフィス近くの「霞が関コモンゲート」は行列ができるほど混んでしまうのです。といっても、行列ができる有名店という意味ではなく（中にはそういう店もあるかもしれませんが）、大体どの店もその時間帯は行列ができます。霞が関や、近くのオフィスから沢山の職員が出てきますので、どうしてもその時間帯に集中してしまうのです。このような行列にわざわざ並ぶのでは昼休み時間を無駄にしてしまうので、早めに出て並ばずに食事を取るようにしています。

若手官僚の閉塞感を解消するために

霞が関の国家公務員は、一般に非常に残業が多いことが知られています。私は恵まれている方だと思いますが、それでも月の残業時間の平均は80〜90時間、多いときは150時間ということもありました（ちなみに、公務員の残業代は満額支給だと誤解されている方がおられますが、ほとんどがサービス残業で、3割程度出ればいい方です。月に200時間残業しても残業手当が3万円という笑えない話があるほどです)。

内閣官房行政改革推進本部が2001年に若手官僚に行ったヒアリングによると、以下のような現状に対する不満が見られます。


「忙し過ぎて時間的・精神的余裕がない」

「当初の志とは異なり自分の仕事が国のために役立っているという実感が持てない」

「定員の大幅な削減や業務量の増大により、雑務の処理に追われ、政策をじっくり考えたり勉強する余裕がない」

「国会議員から要求された資料の作成等に関する作業が膨大である。また、国会議員の質問通告が遅いため、深夜(早朝)に及ぶ超過勤務や休日出勤を行わざるを得ない」


この調査から10年間経過し、また政権は自民党から民主党に移りましたが、若手官僚の閉塞感は当時と大きく異なるものではないと感じています。

このような中で、**いかに仕事を効率的にこなして時間的・精神的余裕を持つか**が、私の悩みでした。**ワーク・ライフ・バランスが求められているからではなく、自分の健康を守るために、無限にも思える仕事を少しでも早くこなして、家に帰りたい。**これが、多くの若手官僚の偽らざる気持ちだと思います。

次章では、効率的に仕事を進めるために、また充実した人生を送るためにも欠かせない**人脈術・コミュニケーション術**についてご紹介します。

第2章

キャリア官僚の人脈術&コミュニケーション術

最小限必要な人脈とは？

「人脈が大事だ」という言葉は、誰も否定しないと思います。好むと好まざるとにかかわらず、人との付き合いは生じます。**仕事のアウトプットのスピードも、人と協力すればそれだけ早くなります。**

しかし**問題は、限られた時間の中で、誰と、どのように付き合うべきか**ということです。例えば、やみくもに異業種交流会に出て名刺を集めても、大して意味があるとは思えません。私は外部人脈も大切だと思いますが、**まずは内部人脈（社内・組織内）をきっちり固める**ことが、仕事上の成果を出す上では効果が高いと考えています。

そして、内部人脈の中でも、上司とどう付き合うかは、決定的に重要なことではないでしょうか（もっとも、上司との付き合いを人脈とは普通呼ばないかもしれませんが）。

上司や部下、同僚など、「マスト」な人脈を固めた上で、自分を成長させるため、あるいは人生を豊かにするために「ベター」な外部人脈を作っていくことが大切です。

本章では、自身の経験を踏まえて内部人脈・外部人脈の構築にどのように取り組んできたのかをご紹介します。

BOSSマネジメント

組織で働くサラリーマンにとって、上司との関係は最も気になるポイントです。大手転職サイトが2005年に行ったアンケート調査によると、転職経験者が前の会社を辞めた理由の第1位は「上司との人間関係」だったそうです。上司との関係が良好であれば仕事も楽しくなるでしょうし、逆に苦手な上司の下で働くのはストレスにもなりえます。

霞が関の各府省も大きな組織ですので、上司と部下の関係は比較的はっきりしています。一般に上下関係が厳しいと言われる警察庁や防衛省などに比べ、私の働く内閣府はゆるい方だと思いますが、それでも局長（政策統括官）、官房審議官、課長（参事官）、課長補佐（参事官補佐）、係長（主査）、係員（主査付）という上下関係はしっかり決まっています。

私はこれまでの10年間に、直接の上司（1段階上の上司）としてお仕えしたのは13人の方でした。そのほとんどはいわゆるキャリア官僚の方（先輩）ですが一部ノンキャリアの方もいましたし、他省庁から出向されている方もいました。私はそのほとんどの方と、人事異動して上下関係を解消した後も、比較的気軽に連絡を取り合っています。仕事上の関係がなくなればドライに他人行儀になるのが最近の傾向なので、このことを言うと同僚には珍しがられます。しかし、私自身は、せっかく何かのご縁で一緒になったので、ひとりの人間としてお付き合いしたいという意味で、連絡を取らせてもらっています。

このように、私の場合は有難いことに様々な上司の方にかわいがってもらっていますが、もちろんその過程では、上下関係で悩んだり、厳しく怒られたりしたこともありました。そのような経験上、私が上司と付き合う上で気をつけていることは、**上司をひとりの人間として、よく観察し、分析しておくこと**です。

このように心がけることで、仕事のスピードが全然違ってきます。自分の上司（課長）、上司の上司たる大ボス（局長、政策統括官）の性格や好みの話題、経歴などは可能な限り頭に入れています。局長（政策統括官）の決裁案件でも、その幹部の性格を知っていれば、資料の作り方や、相談の話の持っていき方を事前に整えておくことができます。これによって、通常は2度3度のトライが必要な案件でも、1発クリアすることができるのです。

上司には冗談を言え

上司をひとりの人間として、よく観察して分析すると前項で書きました。しかしこれは、何でも言いなりになる忠実な部下となることをお勧めしているわけではありません。むしろ私は、観察し、分析した結果、**上司と友人になること**を、最終的な目標としています。なぜなら、**友人関係であれば、仕事も、そうでないことも含め、遠慮なく相談できる**からです。普通は上司に意見するのは難しいと思いますが、そういうことだってできます。また、自己保身上も大切なことですが、**友人として冗談を言い合えるくらい打ち解けていれば、上司の側としても、部下に対してひどい扱いはでき**

ないはずなのです。

上司と冗談を楽しめる関係を構築するためのポイントは、以下の通りです。

●上司の性格を把握する

どんな話題を好むのか、どんな食べ物（お酒）が好きか、趣味は何か、どんな家族構成か、などをつかみます。そのような性格の把握があった上で、どのような仕事のやり方を好むかも把握します。小まめな報告を好むのか、資料の細部にこだわるか、短気かどうか、大雑把か細かいかなどです。こういった仕事のやり方は性格と表裏一体の関係にあります。

●仕事以外でもコミュニケーションを心がける

性格を把握したのは、会話の糸口をつかむためです。**エレベーターで2人きりになったときに、無言になるようではいけません。**このようなときにちょっとした小ネタや冗談が言えると、好感度がアップします。普段から冗談が言える関係だと、相談したときに冷たく否定されたりすることもなくなります（その意味で、どんな冗談が好きかも把握しておくべきです、笑）。

●説得しない（論破しない）

時には上司の言っていることが論理的でない、一貫性がないと感じることもあるでしょう。しかし、論破しようとするのは愚策です。あなたが上司の立場でも、部下から論破されたら面目がつぶれて気分がよくないでしょう。それと同じです。あくまで、自分の主張を控えめに伝えた上で、判断を求めるべきです。また、絶対譲れないポイント以外は譲りましょう（例えば文章の「てにをは」などは上司の好みに合わせてあげましょう）。そんなところにこだわっても何の意味もありません。**上司との関係を良好に保つことの方が優先**します。

浪花節の霞が関

霞が関は意外に義理人情重視（浪花節）です。人事異動の時期には、多くの職員が、辞令書（どこどこの部署へ異動を命じる、と書かれている用紙）を抱えて、庁内のお世話になった職員や知り合いに挨拶して回るのが慣例になっています。年末の御用納めである12月28日や、年始の御用始めである1月4日にも同様な挨拶回りの光景が見られます。

このような挨拶回りをする理由は、業務上、様々な部署の職員にお世話になるからであり、職員も人間である以上、義理から逃れられないからです。例えば、仕事を進める上では、総務課、会計課、人事課の官房3課など、庁内の管理業務をしている部署と連携することが必要です。自分の部署の職員とだけ仕事をしているわけではないのです。そういう意味では、庁内の各所に応援団がいるというのは、仕事を進める上で非常に心強いのです。

このような挨拶回りを欠かしたからと言って、特に罰則やペナルティがあるわけではありません。しなければならないとも指示されていません。以前お世話になった上司や同僚の方へのこうした挨拶を欠かすと、後で何か言われる可能性もあるので、嫌々ながらしている方もいるのかもしれません。しかし、私自身はこのような浪花節的な挨拶回りは、**近況を報告し、自分のことを思い出してもらうと同時に、異なる部署にいる先輩や同僚の仕事内容を理解する上でも、非常に効果がある**と思って率先しています。

コミュニケーションコストを意識する

多くの人は、自分のことや自分の身の回りのことで頭がいっぱいです。例えばマーケティングの世界では、人はセールスレターを「読まない、信じない、行動しない」という原則があるそうですが、特にセールスレターを書かないまでも、私たちは仕事の依頼や取引先・関係者への連絡など、人を動かす文章を数多く作成しています。

現在、仕事の依頼の多くはメールになっているはずです。しかし、送ったメールを

「必ず読んでもらう」ためには工夫が必要です。なぜなら、(あなたもそうだと思いますが)忙しい人のメールボックスは読むべきメールでいっぱいだからです。読まないメールも沢山あるに違いありません。すべての人がそうだというわけではないと思いますが、忙しい人ほどそうです。そして、その沢山のメールの中から、あなたのメールを探し出して開封してもらわなければならないのです。

そのために、「件名」が重要です。「件名」によって読むか読まないかを決めていると言っても過言ではありません。「事務連絡」「ご依頼の件」などと曖昧な件名ではなく、「鈴木部長にアポイントメントを頂きたい件」「24日16時 高田課長との打ち合わせの件」と具体的に書くべきです。

また、メールの返事は、短くてよいので、可能な限り早く返すと喜ばれます。「メールを送ったが、相手が読んだかどうかわからないから後で電話する」という方は多いです。あなたが重要な人物であるほど、相手はそうするでしょう。ですので、「承知しました」だけでよいのでこまめに返信すると相手の仕事を減らせます。

また、メール全盛の時代だからこそ使えるテクニックとして、「FAX」があります。最近は、ＰＤＦ化してメール添付する時代なのにＦＡＸなんて前時代的な……と思われるかもしれません。しかし、ＦＡＸを使わなくなったからこそ、逆に価値が上がっています。

ＦＡＸのメリットは、以下の通りです。

1、本人が忙しくても同じ部署の方が本人の机に置いてくれる（高確率で本人に届く）
2、必ず紙の状態で渡されるので、プリントアウトする手間が省ける
3、メールと違って、埋没する可能性が少ない（物理的に、目立つ）

私は急ぎで、かつ重要案件については、メールで送ることができるものについても、ＦＡＸを活用します。このアナログ感が、重要度を伝えてくれます。

会いたい人に会う方法

会いたい人に会うのはそれほど難しくありません。あまり打算的に自分の利益ばかり考えていては会えませんが、その人の話や著書で感動したら、それをそのまま伝えることで、会うことができる確率はぐっと高まります。

長野県上田市でフリースクール「侍学園スクオーラ・今人（イマジン）」というNPO法人を運営する長岡秀貴理事長との出会いもそのひとつです。子ども・若者育成支援推進法を立案中であった私は、とある会合で若者支援NPOの業界の方々と名刺交換をしました。長岡さんとも、その日は名刺交換と、一言言葉を交わしたくらい。しかし、ちょっとこの人面白いかもと思った私は、2冊出版されていた長岡さんの著書を買い求めました。『ダッセン』『サムライフ』（ともにHID BOOKS）と題されたその著書からは、長岡さんが高校教師を辞め（脱先生＝ダッセン）、自分の理想とする学校を立ち上げるまでの想いと経緯が、熱く語られていました。その本を通勤途上の電車内で読んでいた私は、その熱い想いに打たれて涙しました（結構、涙もろいのです。マンガを読んで涙することもしばしばです）。

翌日、早速その感動をメールしました。すると、次の長岡さんの上京の機会に一杯やることになりました。当日は渋谷にて２人で飲んだのですが、大いに盛り上がり、また、私の姉が長岡さんの大学時代の同級生だったことなど、ただならぬ縁も感じることができました。参考までに、翌日に長岡さんが自身のブログに綴った文章を以下に引用します。（不肖侍ナガオカの『ひとりごとじゃすまされんぜよ！』２００９年8月22日）

この国の根幹を支える「官僚」と呼ばれし志士。
本当に頭のいい人とはこういう人のことを言うのでござるね。
日本最高峰の頭脳の持ち主でありながらなんだか「熱い」ぜよ。
同じ匂いのする「漢」なんでござるよ。
意気投合して色々な約束を杯と共に交わしまくりの時間でござった。
何故か必然性を伴った出会いであることが発覚！

「え?!　それ信じられなくね？」

とお互い「縁」の外周は如何に狭いのかを共感。

堅い握手をして別れたでござる。

私にとっても、本当に嬉しい出会いでした。そして、長岡さんと渋谷で飲んだその翌々日から、長野県上田市の上山田温泉で行われたとんでもない集まりに急遽参加することになったのでした。

ニホゴロ十勇士の会

長岡さんから聞いた長野県上田市上山田温泉で行われたその催しは、「日本をゴロンと変えられるんじゃないかと思う十勇士の会」、通称、「ニホゴロ」というものでした。若者支援ＮＰＯの業界で超有名な20代、30代の勇士が日本全国から集まったのです。長岡さんと共に声かけ人となった「東京ＮＰＯのカリスマ、育て上げネット」の工藤啓さん、「佐賀の巨人SSF」の谷口仁史さん、「案山子の救世主、NICE」の塚本竜也さん（以上、長岡さんの表現に基づく）の呼びかけに応じて集まったその他7人のメンバー。その中に、私も直前に滑り込みで混ぜていただくことができました。
ただ単に温泉に集まって飲むだけではありませんでした。長岡さんから事前に「宿題」が出ていたのです。

宿題その1、「あなたが考えられる、今の日本じゃ到底叶うことじゃないけど、でも、実現したらめちゃくちゃやばいんじゃない？　ていうよりすごく面白くね？　と思われる企画をご提案ください」

宿題その2、「この十勇士が力を合わせれば日本変わっちゃうんじゃない？　ていうよりすごく面白くね？　と思われる限りなく実現可能な企画をご提案ください」

どちらの宿題にも、「固く考えないでください。できるだけ自由に妄想的にお考えください」という注意書きがついていました。ご丁寧に、この宿題はパワーポイントで提出するべく、提出フォーマットまで用意されていました。恐るべき準備の行き届いた仕事ぶりです（笑）。

私も一生懸命この宿題をこなし、ドキドキしながら発表会を待ちました。ひと風呂浴び、浴衣に着替え、乾杯したところで、「泥酔プレゼン大会」が始まりました。笑いあり、真剣な企画ありで、大いに盛り上がりました。それぞれの性格がよく出た、素晴しいひとときでした。8時間に及ぶプレゼンを行い、とっぷりと夜は更けていったのでした。

翌日、長岡さんが運営するフリースクール「侍学園」の後期始業式がありました。前夜の泥酔にもめげずに勇士たちは始業式に参列し、ひとりひとり生徒たちに挨拶をしました。この一緒のときを過ごしたメンバーとは、その後も公私にわたり色々な場面で御世話になっています。私はこのような縁を大切にしています（なお、2010年10月に侍学園の校舎が火事になりました。このときは十勇士を含め、全国各地から復興義捐金などの支援を受け、1週間後に授業を再開しています。しかしながら、まだまだ侍学園は支援を必要としています。ぜひ、ご協力をお願いします）。

人脈を広げる情報発信術

情報発信は面倒と思われるかもしれませんが、実際にはいいことばかりです。

私は英国留学中にはブログを書いていたので、それを毎日楽しみに読んでくださっている方からコメントを頂いたりしていました。その中には、自分が知らなかった知識や出会いがありました。実際、コメントを頂いた方と後でリアルに会うようなこともしていました。

また、仕事上でも、自分がつかんだ人事異動に関する情報や、ちょっとしたイベント情報を、仲の良い同僚（元上司や後輩含む）にメールしています。業務外でやっている活動の行事予定の告知もしています。このように情報提供するのは面倒という方が多いのですが、情報発信することのメリットを享受されていないからだと思います。

実際には、そのようにメールを送ると、まず第一に感謝してもらえます。元上司

（今はかなり偉くなっている人も多い）から、「参考になったよ。ありがとう」と電話をもらうようなこともあります（こちらは恐縮してしまいますが）。

第二に、他の情報も集まります。メールの返信で、実はあの人事異動の裏にはこういう背景があって……といった裏話（この手の話は霞が関では事欠きません、笑）や、私の知らない幹部の異動の噂などを教えてもらえるのです。また、情報発信しているということは、それについて興味があると表明しているに等しいので、何かのときに声をかけてもらえることも多くなります。

このように、**自分から情報発信することは、多少の面倒を別にすれば、いいことばかりです。**面倒といっても、ほとんどメールで行いますので、1人に送るのも100人に送るのも、手間はそれほど変わりません（私は、情報提供先のアドレス一覧をデスクトップ上のメモ帳に貼り付けていますので、いつでもすぐにBCC欄に入力できます）。また、最近ではツイッターを使えば、ちょっとした情報発信も非常に便利に行えます（もちろん、業務時間内にツイッターの個人アカウントを利用することは役所では禁止されていますが）。ちなみに、情報を頂いたら、簡単でいいのでお礼しましょう。例えば美味しいレストランやラーメン屋を教えてもらったときなど。教えてもらって実際にその店に行ったのに、報告をしない人がいますが、もったいない話です。「あの店、行ってみました。美味しかったです！　どうもありがとうございました！」たったこれだけでいいのです。教えた側からすると、このように報告をもらうと嬉しいものです。

永田町に行く前の予習

受験勉強では「復習」が大切だったかもしれませんが、仕事では「予習」（または「仕込み」）が圧倒的に重要です。例えば、外部の人と会う前に、最低限ウィキペディアや本人のホームページ等の情報を調べます。可能なら、著作も何冊か読んでから会います。こうしておくと、会ったときに雑談に困ることもありませんし、先方の記憶にも残ります。経済評論家の勝間和代さんに仕事で講演をお願いするときにも、著書を持っていって、サインをもらいました。

実は、このように**人と会う前に十分に予習をすることについては、霞が関の公務員はよく鍛えられています。なぜなら、永田町の国会議員会館に呼び出されることが多いからです。**その際、その国会議員のプロフィールは詳しく頭に入れておきます。特に、**地元選挙区の情報や、家族構成、出身大学、所属派閥、所属委員会（国会の委員会のこと）などを覚えます。**

例えば、「子ども・若者育成支援推進法」の根回しのために議員会館を回っていたときには、必ず都道府県別のニート（仕事にも教育にも就いていない者のこと。若年無業者）の数値データを持っていきました。その政治家の地元県のニート数を示し、興味を持ってもらうためです。そうすると、「そういえば、最近多いよなぁ。後援会の家族にも、いると聞いたよ」などと話のきっかけになり、法案の中身に関心を持ってもらえることが多かったです。

人と会う場合だけではありません。仕事の関係者や友人に何か聞きたいことがある場合でも、事前にウェブや関連書籍でひと通り調べておくのが鉄則です。予習は大切ですね。

孤独はこわくない

「人脈は大事だ」と意識すればするほど、孤独がいけないものだ、人脈（友人）が沢山なければならない、というような思い込みをしがちです。しかし、単に無目的に群れるくらいだったら、孤独の方が勝ります。付き合いたくもない人と無理に付き合う必要はありません。

私自身、孤独でいるのは結構好きで、毎日のランチタイムには、約束がない日は1人で読書をしながら食事を取るのが至高のひとときです。**ランチタイムを午前中の仕事と午後の仕事のいい気分転換タイムに**しているのです。

また、付き合いのお酒もいけません。会社帰りに同僚と飲みに行って、上司や会社（職場）への悪口で盛り上がる。誰しも、職場や上司へは不満があることでしょう。しかし、それを言ったところで、**ストレス発散にはなるかもしれませんが、現実が変わることはありません。**後ろ向きな気持ちを増幅させるだけです。

お酒が苦手な場合や、同僚との会話がどうしても悪口になってしまうような場合には、2次会に行かないという手があります。歓送迎会などの1次会は半ば義務的なのでそれに出ないのは非協力的だと思われてしまいますが、2次会は個人の選択である場合が多いため、行かなくても特に問題は生じません。

大切なのは、**何のための人脈か**ということです。どうしても、苦手な人はいるものです。それも人脈だからと全て大切にするより、最小限の付き合いをして、業務外では距離を置くことも精神衛生上大事です。

異業種交流会に出席したきっかけ

NPOと公務員の間で勉強会をしていたときのことです。「久保田さんは事務次官なんでしたっけ？　あれ、事務官でしたっけ？」と聞かれました。私は即座に「いえいえ、事務官ですよ」と答えました。**「事務次官」というのは、役人としては最高位のポジション。係員、係長、課長補佐、課長、審議官、局長、官房長、事務次官と連なるヒエラルヒーのトップ、キャリア官僚が最終的に目標としている（と言われている）**

官庁の役職図

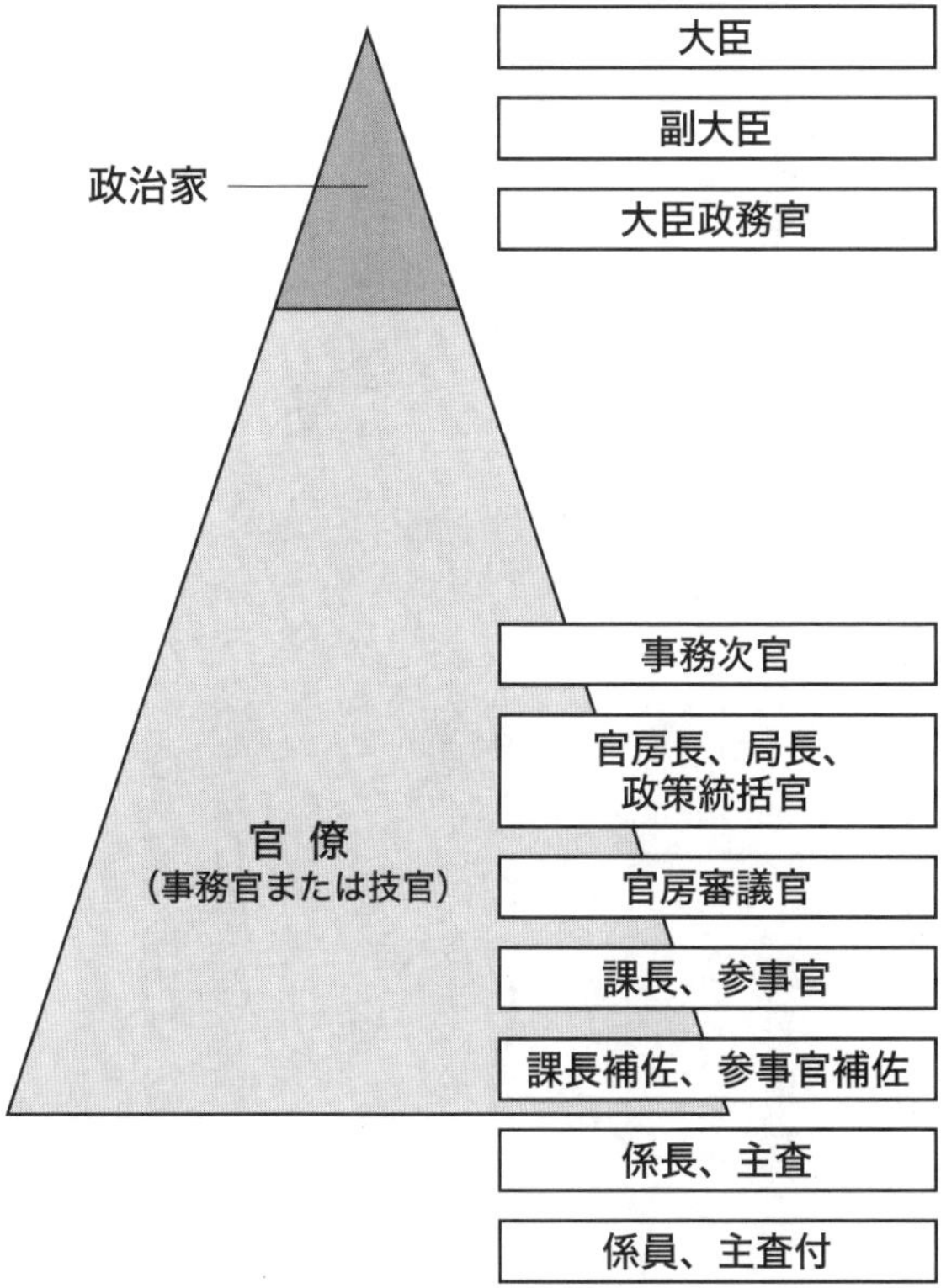

大臣
副大臣
政治家
大臣政務官
事務次官
官房長、局長、
政策統括官
官 僚
(事務官または技官)
官房審議官
課長、参事官
課長補佐、参事官補佐
係長、主査
係員、主査付

ポストです。一方、「事務官」というのは、単に事務を行う職員を指し、霞が関に何千人、何万人もいる職員のことです。

しかし、よくよく考えてみれば、このようなことは霞が関内部で仕事をしない限り、知らなくて当然の知識です。にもかかわらず、私自身も時々霞が関の外で「次官が……」などと口に出してしまっていたのです。

このような経験から、霞が関では絶対的な存在を誇る「事務次官」などというものは、世間一般には何の関係もないことなのだと、痛感しました。そして、狭い「霞が関村」の中だけで仕事をしていたら、世間の非常識に飲まれてしまう。そのような危機感を抱きました。

このことが、私を官僚以外の人間と交流するための異業種交流会へと駆り立てました。私は「官民協働ネットワーク クロスオーバー21」のスタッフを務め、毎年数回の異業種交流会を実施する中で、多様なバックグラウンド、多彩な職業の方と意見交換をしています。

その異業種交流会では、霞が関から参加される公務員の方で、自己紹介で「○○省

○○局○○課の××です」という自己紹介をされる方に時々遭遇します。しかし、役所の外の方にとっては、役職だけ言われても具体的な仕事の内容がイメージできないことがほとんどです。ただでさえ、公務員の役職はわかりにくい部署名が長く続くことが多いです。自分の言葉で外部の方に業務内容を理解してもらうことも、いい勉強になります。

私たちは、とかく、**自分たちの常識は外にも通用するものだと勘違いしがち**です。しかし、実際には、自分の村を一歩外に出れば、全く通用しないことも多いのです。

ケンブリッジで学んだ多様性

異業種交流会を企画・運営することにより、職業の違う様々な方と交友関係を持っているものと信じていましたが、ケンブリッジで出会ったクラスメイトの多様性は、想像の域を完全に超えていました。

例えばアラビア語・英語・フランス語の3ヶ国語を流暢に操り、23歳と最少年齢ながらプレゼン能力抜群のエジプト人M。どのくらい言葉が流暢かというと、私に対してアラビア語で話しかけてくるほどなのです（つまり、彼女にとっては英語もアラビア語も母国語同様で、日本人のように意識して両者を使い分ける必要がなく自在に複数の言葉を使用しているのです）。持ち前のフレンドリーさでどんなクラスメイトとも社交的に付き合う一方で、得意のマーケティングを活かして、キャリアアップに余念がありませんでした。

そして、結構はっきり物事を言うので典型的なアメリカ人だと思っていた女性N。スイス系銀行で勤務経験のある彼女は、計算や分析が得意でした。私も随分プロジェクトでは助けられたり、また英語の使い方について厳しいことも言われたりしました。しかし実はNは、毎年手書きのクリスマスカードを送ってきてくれます。デリカシーがないアメリカ人（偏見でした、ごめんなさい！）という想像をいい意味で裏切られ、厳しさの裏にある細やかな心遣いを感じることができました。

また、最も仲良くなった南アフリカ人のKは、スキンヘッドな大男という見た目からは想像できないほど、細やかな気遣いができる気さくな友人でした。日本のことにも詳しく、村上春樹や浮世絵の葛飾北斎画などの話をしたこともあります。交友関係は非常に広く、誰とでも友達になってしまうのが不思議でした。常にクラスの中心にいた彼は、英語や授業にドロップアウトしそうなほど苦労していた私をなぜかいつも気にかけてくれました。ロンドンの自宅に招かれたこともありました。

このように、45ヶ国の国籍からなる105人のクラスメイトと付き合っていく中で感じたことは、人脈作りに特効薬はなく、マメに連絡を取ったりすることが、地道に見えて唯一の方法ではないかということでした。

何かと連絡をしてくる人には返事のメールを書くことになるので、必然的に近況などの情報も集まり、情報通になるのです。もっとも、アメリカ人女性Nも南アフリカ人Kも、人脈作りという打算のためにビジネスライクに連絡してくるわけでは決してありません。何かとうまくきっかけを作って、近況を伝えたり、連絡をしてくるのです。2011年3月の東日本大震災の直後にも、フェイスブック（facebook）などを通じて多くの友人がメッセージを送ってきてくれました。

人脈作りに日本人も外国人も関係ありません。人種や肌の色が違っても、マメに連絡をする人が効果的に人脈を維持し、新たな人脈も作ることができるのだということを、英国の地で実感しました。

英国エリートのコミュニケーション術

それでは、ケンブリッジのエリートは、どのようにコミュニケーションを取っているのでしょうか。もちろん、ビールを飲みながらの飲みにケーションも沢山ありました（余談ですが、ケンブリッジにはレストランの数よりビールを飲むためのパブの方が断然多いです）。

しかしながら、お酒が入らなくても様々な話題について時には真面目に、時には冗談を交え語り合う場がありました。**飲みにケーション以外のコミュニケーションがケンブリッジには沢山あるのです。**

その1つが、**フォーマルディナー**です。所属のカレッジ（専攻学部とは別に所属する学寮のこと。私はセント・エドモンドカレッジに所属していました。学生は学部以外に、どれか1つのカレッジに属しています）で供される夕食会です。冗談と思われるかもしれませんが、これには黒色の「ガウン」を着て参加しなければなりません。このため、学生は入学したら、ガウンをどこかから調達します。私も先輩から譲ってもらいました（これも余談ですが、ケンブリッジには、レンタルビデオ店は1軒もない割には、レンタルガウン屋が何軒もあります）。古式ゆかしき伝統を重視するケンブリッジでは、今でもろうそくの灯りの厳かな雰囲気の中、夕食会が行われるのです。

フォーマルディナーでは、座席は決まっていて、カレッジのトップのあいさつの後、ディナーが始まります。最初にポルトと言われるワインや、シャンパンなどが出ます。次にサラダ、メインディッシュと進み、デザートにコーヒー・紅茶も出ます（このフルコースの料理の質はカレッジによって随分異なるため、MBAのクラスメイトの間でそれぞれのカレッジのフォーマルディナーに招待しあうことが流行っていました）。

このような場で、人々は語り合い、コミュニケーションを図っているのです。イギリスではアフタヌーンティーが有名なので、素敵なティーハウスも沢山ありますが、ケンブ授業の合間にもコーヒーブレイクがあり、雑談に花を咲かせたものでした。

リッジのクラスメイトは本当にこういった場が好きで、個人の家でのパーティもよくありました。私も自分の部屋にクラスメイトを呼んでパーティをしたことがあります。

そのような場で日本人の私によく質問されたのは、天皇陛下に関する話、村上春樹に関する話、日本食に関する話です。もちろん勉強の話もしますが、そのような実務的な話だけするのは無粋とされ、主として自分の知識の幅を広げたり、考え方をぶつけあわせるようなことがよくありました。このような場を通して、**授業だけでは得られない貴重な学びを楽しみながら得ている**のです。

ケンブリッジ式プレゼンテーションの極意

ケンブリッジでは、コンサルティングファーム会社出身のクラスメイトを中心に、**理路整然と、かつ綺麗なスライドを使って非常に上手なプレゼン**を沢山見ました。その時に観察して気づいた点は、以下の通りです。

まず、プレゼンする中身が、十分にロジカル（論理的）であることが必要です。いわゆるピラミッドストラクチャー（構成）というように、考えられる可能性やオプションを論理的に全て提示した上で、それらを1つ1つつぶしていきます。こうすることで、聞き手が違和感なく結論を受け入れられるようになります。

また、**プレゼン資料の中のテキストは、厳選して本当のポイントだけ書きます。**小さな文字でぎっしり詰まったテキストは、誰も読まないからです。この点に関しては、「6×6ルール」というのを教わりました。英語の場合、1つのスライドは、6ワード×6行以内にせよ、というわけです。

そして、プレゼン当日の発表の際には、**「自分自身をプレゼンの主体にする」**ことが大切でした。せっかく作ったプレゼン資料ですが、それだけに頼るのではなく、最後は自分自身が主役、資料は「従」の役割です。最近はパワーポイントを使ってプレゼンをすることが多いと思いますが、パワーポイントの資料が主となってしまい、プレゼンターがスクリーンの陰に隠れていたり、埋没しているケースもよく見かけます。しかし、スクリーンを見ているだけでは、ビデオを見ているのと同じです。聴衆を巻き込むには、プレゼンターが全身を使って語りかける必要があります。実際、本当に上手なプレゼンターは、スライド画面を一瞬消して、自分自身に聴衆を注目させて大事なことを言う、というようなテクニックを使います。

このように、発表慣れしたMBAクラスメイトの素晴らしいプレゼンを、いつも感心しながら聞いていたのですが、自分がいざプレゼンする場合には、非常に苦労しました。英語の得意でない人間にとって、英語でのプレゼンは悪夢でしかありません。私は基本的にあがり症なのです。

このため、英語でプレゼンする前には、何度も練習を繰り返しました。自分のしゃべる内容を事前に書き出し、丸暗記するのです。**ストップウォッチを片手に、何十回も練習**をしました。このお陰で、上手とは言えないまでも、何とかこなすことができるようになりました。

実は、英語でのプレゼンに慣れたお陰で、日本語でのプレゼンではほとんど緊張しなくなりました。おそらく、英語だと発する一語一語にも気を使うので、余裕がないのだと思いますが、日本語だと英語よりボキャブラリーが多く、言葉を気にせず内容について考えながら話すことができるからだと思います。いずれにしても、このような経験から、プレゼン上達の極意は、ポイントを押さえた上で、**「練習が全て」**なのは間違いのないところです。

スピーチ下手を克服する方法

仕事で挨拶やスピーチを頼まれて、苦労している方もいると思います。一定のポジションになると、飲み会での挨拶や式での挨拶・スピーチを頼まれるようになります。私もここ数年間は、そのような機会が大いに増えました。月に1度や2度はそういった機会がありますが、私もそのたびに苦労しています。

私の上司の中で、挨拶・スピーチが抜群にうまかった方がいます。いつもその方がスピーチをすると、聴衆が大きく盛りあがるのです。メラビアンという心理学者は、言葉より「話し方」や「態度・表情」が重要だと発見しましたが、その方は、常に聴衆を惹きつける話し方をされていました。質問をして聴衆に手を挙げさせたり、例え話を上手にしたりして、聴衆をぐいぐい引き込んでいました。

その上司のスピーチを観察していて感じたのは、**スピーチの導入が非常にスムーズ**ということでした。**話そうとしているテーマに関連するネタや、聴衆が期待しているネタを、導入部でうまく盛り込んでいるのです。**話す内容もさることながら、その構成や、順番なども含めた、話し方がとても工夫されているのです。

そういう意味で、**私がこれまでに聞いた講演の中で、最も導入が上手だと思ったのが、テレビキャスター・ジャーナリストの野中ともよさん**です。約200人という多くの聴衆の前での話だったのですが、全く臆することなく、余裕の立ち上がりでした。まずは、自分が紹介されるまでに行われた開会式の来賓挨拶や、スタッフの言動に言及されました。来賓は役所の方にしては非常にいい挨拶をされたとか、スタッフは指先まで背筋がぴんと伸びていて素晴らしかったとか。ひとしきり会場内で気持ちを一体化したところで、やおら本題に入っていく。この緩急が、非常にうまいと感じました。

私自身の経験でも、導入部に何も言わずにいきなり本題に入った場合と、導入部にまずは聴衆が興味を持ってくれるようなネタを最初に紹介した場合とでは、聴衆の聞く態度が全く異なることに気がつきました（そしていきなり本題に入る場合では、いかにも役人ぽいつまらない話をしているな、という聴衆の目線を感じることができました、笑)。仕事上、外国人や外部の関係者、大学生を相手に挨拶や説明をすることがありますが、導入部を含めて念入りに準備した場合とそうでない場合には、全然反応が違うのです。

しかし、聴衆の立場になって考えてみれば、当たり前とも言えます。スピーチや挨拶といっても、聴衆がこちらの挨拶を待ちきれないくらいに熱心に聴く準備ができているなどということはほとんどありません。式の進行上、挨拶が設けられているから、仕方なく聞いているといったケースがほとんどです。

そこで、最初に、「このスピーチはあなたに関係ある話だよ」とメッセージを送らねばなりません。例えば学生相手なら、自分の学生時代に興味を持っていたことを話したりします。ちょっとした話で、興味を持たせることができれば、次の本題もそのまま聞いてくれます。スピーチの達人であるデール・カーネギーも『話し方入門』(創元社)の中で、**「大切なのは何を話すのかではなく、むしろどう話すかということだ」**と述べています。そういう意味で、スピーチの導入部を念入りに準備することは、聴衆を話に引き込む、重要なパートと言えるでしょう。

本章では人脈の構築方法について述べてきましたが、仕事を効率的にこなしていく上で、専門分野やビジネスの「知識」は欠かせません。人と上手に付き合っていくためにも、**豊富な知識があることで、よりスムーズな人間関係を構築できます。**次章では、知識の土台となる「読書術」について、ご紹介します。

第3章

トップ1%になる官僚の読書術

官僚は知識が勝負

官僚は「知識」が勝負です。1本の法律を作るためには、百冊単位の書籍や資料を読みこなします。多くの情報ソースから、必要な情報をピックアップすることが、仕事の基礎になっています。

実際、**官僚の多くは読書家です。そして、この読書家の傾向はポジションが高くなるにつれて顕著になります。**課長クラスともなれば、日常業務は黙っていても課長補佐・係長以下で処理されるため、大きな方向性の指示や、決裁するだけで事足ります（もちろん、例外的に陣頭指揮を執るケースもありますが）。

それでは、定型業務が決まっていない課長は日中、どのような仕事をしているのでしょうか。その1つが読書です。実際、本を山のように席に積んで読書にふけっている課長を目にすることもあります。官僚の仕事は政策作りですが、政策立案に当たっては、**担当分野の大学教授や業界の経営者などの専門家と、議論をする機会も多い**ので、読書を通じてその分野の知識のインプットを図ることは大いに意味があります。

私自身はまだ通常業務が忙しいので、業務時間中に読書をする余裕はとてもありませんが、通勤途中など、時間を見つけて読書をしています。

この章では、私が行っている読書の方法について、ご紹介します。

人生が変わる1500円の投資

官僚だけでなく、多くの成功者は読書家です。例えば私が尊敬するビジネス書著者の神田昌典さんや午堂登紀雄さんなど、ものすごい読書家が多くいます。

私も、**ビジネス書を中心に、業務関連も含め、年間200〜300冊は読みます。**それだけ読書に力を入れる理由は、読書が最も費用対効果の高い自己投資だと考えているからです。

私はRPG（ロールプレイングゲーム）が好きで、ドラゴンクエストやファイナルファンタジーシリーズを随分やりましたが、そのときにいわゆる「攻略本」を使っていました。その攻略本には、バラモスやゾーマといった手強いモンスター（ボスキャラ）の弱点や、それらを効率よく倒す方法が載っていました。こういった知識を活用するのとしないのとでは、ゲームをクリアするスピードが随分違ってきます。

人生においても、様々な目標を達成するための「攻略本」が存在します。

例えば、大学受験ノウハウや公務員試験合格術、成功法則や仕事術、英語勉強法や留学準備、投資や節約ノウハウなど。これによって、京都大学現役合格、国家公務員採用I種試験（法律職）合格、TOEIC905、英国ケンブリッジ大学経営学修士号（MBA）取得、英ヨーク大学政治学修士号取得などの成果を達成することができました。

書籍は、通常、著者が最低でも数ヶ月、場合によっては生涯かけて獲得した経験やノウハウがまとめられています。また、1冊の書籍が世に出るためには、編集者など、複数の人間のチェックを経ています。凝縮された知識や経験が、わずか1500円足らずで入手できるのは、本当にありがたいことです。

私はちょっと調べたいことや勉強したいことがあれば、その分野の書籍を調べ、可能な限り買い込むことにしています。たった1500円程度の投資で人生が変わることがありますので、読書は損になることはありません。

私は月に20冊前後の書籍を主にアマゾンで買います。**買うか買わないか迷う時間がもったいないので、気になった本は迷わず買う**ようにしています。本を買うために普段から節約しているようなものです。さらに、読書のスピードを上げるために、108ページでも紹介するようにフォトリーディングの2日間コースも受講しました。私はテレビを見ませんので、その代わり、読書の時間に充てています。

トップ1%のビジネスマンになる簡単な方法

私が沢山本を読むようになったのは、小さい頃の経験が影響しています。小学生の頃から地元静岡県の市営図書館に行っていました。両親が、毎週末に図書館に連れて行ってくれたのです。他の娯楽というものを私は知らなかったので、大好きだった『ズッコケ三人組シリーズ』(那須正幹氏の児童文学)や、江戸川乱歩の『怪人二十面相シリーズ』などを中心に、当時は毎週10冊以上の本を借りて読むのが普通でした。

お陰で、小学生にしては難しい漢字を覚えたり、読解力がかなりついていたと思います。中学・高校・大学では部活動や受験勉強、クラブ活動のためそれほど読まなくなったものの、社会人になってからは、自分の収入で本が買えるようになったので、再び読書に目覚め、ビジネス書を読み漁るようになりました。

２００９年の調査によると、**全国の20代・30代のビジネスパーソンが過去1年間に読んだビジネス書は平均3.1冊**だったそうです（２００９年10月27日、株式会社リクルートエージェント・株式会社インテージ。回答者数１０６４人）。この調査からわかることは、1年間に3冊以上ビジネス書を読むだけで、平均的なビジネスパーソンを上回る自己啓発ができるということです。

この他にも、読書好きには信じられない事実があります。例えば、２００９年度ビジネス書年間ベストセラー1位（日販）となった『本当に頭がよくなる1分間勉強法』（中経出版、石井貴士）は30万部売れたとされています。ビジネス書の潜在的読者の母数と考えられる労働力人口は、約６６００万人。**労働力人口のうち、年間ベストセラー1位のビジネス書を読んだのは、たった0.5％に過ぎない**のです（もっとも、ビジネス書より小説が好きな方もいるでしょうから、労働力人口の0.5％しか読書しないという捉え方は誤りです）。

ということは、年間3冊以上ビジネス書を読むだけで、平均的なビジネスパーソンを上回り、月数冊など、常日頃からビジネス書を読む習慣がある人は、それだけでトップ0.5％に入れるということなのです。

また、2006年に総務省統計局が実施した「社会生活基本調査」によれば、30～49歳が1日あたりに費やしている「(学業以外の) 学習・研究」は7～8分でした。

このことから、**1日10分でも勉強をすれば、平均を上回る**ことができます。

疲れているせいか、通勤時間中に寝ているサラリーマンやゲームをしているサラリーマンにもよく出会いますが、この時間に読書しているビジネスマンとは、数年の後にはとても大きな差になると思います。

ケンブリッジで出会った速読術

ケンブリッジ留学中に、仲のよい南アフリカ人のクラスメイトに、いつものように相談したときのことです。

「英語の教科書の予習（リーディング）がどうしても追いつかなくて……」

するといつものように頷きながらじっくり話を聞いていた彼は、次のように教えてくれました。

彼「スキミングって知ってる？」

私「いや」

彼「こうやるんだよ」

と言って彼が教えてくれたのは、文章を初めから読む方法ではなく、**飛ばし飛ばしキーワードを拾って内容を把握していく方法**でした。

確かに、そのような読み方は、TOEFLの試験などでは実践していました。設問を見てから、その答えがありそうな部分を探して読むというテクニックでした。しかし、試験以外の場面では、そのような読み方をしたことはなく、本の最初から読んで当然と思い込んでいたのでした。

実は、彼が教えてくれてからも、飲み込みの遅い私は相変わらず予習には苦労していたのですが、翌年ヨーク大学に移ったときに、本格的に速読術を学んでみることにしました。

速読技術として、「フォトリーディング」という手法があります。フォトリーディングとは、神経言語プログラミング（NLP）および加速学習分野のエキスパートである、米国のポール・R・シーリィ博士により生み出されたもので、毎秒1ページを超えるスピードでページをめくり、写真を撮るように本の情報を脳に送り込む読書法です。カリスマコンサルタントの神田昌典さんや経済評論家の勝間和代さんが勧めていることもあり、ご存じの方も多いかもしれません。

当時英国ヨークの地では日本語の本は手に入りませんでしたので、同博士の原書「The Photoreading Whole Mind System」(Learning Strategies Corporation) を入手して、読んでみました。この技術の概要は理解したものの、自己流だったせいか、頭の上にミカンがあることを想像して集中する方法や、焦点をダブらせてページを見る方法などがうまくいかず、日本に帰国してからフォトリーディング講座を受けようと決意しました。

フォトリーディングの活用法

留学から帰国後の２００８年の12月に、東京都三鷹市で２日間にわたって開催されたフォトリーディングの講座を受講しました。講師は、株式会社尽力舎《じんりきしゃ》代表取締役で、明るく元気な山口佐貴子先生。自己流ではうまくいかなかった集中法や視点をダブらせる方法などを、丁寧に指導いただきました。おかげで、翌日から実践できるように、速読技術を定着させることができました。

私はこの読書法を、概ね1日1冊のペースで活用しています。職場までの通勤電車が片道30分ありますので、行きの電車内でステップ1から3の「準備」「予習」「パラパラと高速でページをめくる作業」までを行い、頭に質問を刻み込んでから電車を降り、仕事を終えて職場から帰りの電車内でステップ4以降の「復習」「活性化」をします。通勤以外にも、2泊の温泉旅行の移動時間の間に4冊読んだり、10冊以上の文献を3日でまとめて業務上必要なレポートを作成したりしています。

フォトリーディングを実践して気づいたことが2つあります。1つは、「自分の興味のある本ほど高速リーディングできない」ことです。自分の興味関心のツボにはまるような本は、パラパラめくった後の活性化の段階で一字一句読んでしまい、ついつい普通の読み方になってしまいます。逆に言えば、興味がないけれども読まざるを得ない本については、仕事のように淡々とフォトリーディングの技術を当てはめることになるので、**「難解な本、まともに読む気にならない本ほど速読効果が高い」**と言えます。

もう1つは、**時間の使い方に敏感**になりました。例えば、私はM－1グランプリなどのお笑い番組が好きです（残念ながら、M－1グランプリは2010年に終了してしまいました）。その中で、面白くない芸人の時間帯や、CMの時間帯に、ものすごく苦痛を感じるようになりました。従来であれば、だらだらと見ていたところですが、その時間が、もったいないと感じてしまうのです。もっとも、自宅にはテレビを置いておらず、今ではテレビを見る機会は旅行先や年末年始に実家でというくらいしかありませんが。

フォトリーディングにより確かに速く本が読めるようになりますが（以前に比べれば感覚的には2倍程度と自覚）、本をパラパラめくるだけで内容が全部わかってしまったり、全て記憶できるわけではありません。どちらかといえば、検索エンジンでインターネット上から必要な情報を検索するように、パラパラめくった本の中から、自分に必要な情報（必要な段落、文、キーワード、箇所など）が素早く見つけられるようになる技術という感じです。

つまみ食いでいい！

フォトリーディングを学んで非常に画期的だなと思ったことは、**「全て読まなくていいんだ」**と考えられるようになったことです。例を挙げて説明します。

あなたは新聞を読むときに、1面から最終面（テレビ欄）まで、最初から最後まで一言一句読むでしょうか？　新聞記者など一部の方を除き、ほとんどの方は見出しをざっと眺め、興味のありそうな記事（あるいは業務上読んでおかなくてはまずそうな記事）だけ、「つまみ食い」するように読んでいることと思います。

一方で、書籍を読むときには、最初から最後まで一言一句逃さず読まなくてはいけないと思っていませんか？　私自身、そう思っていました。ところが、フォトリーディングでは、必要な部分だけ読めばいい、と言います。初めは私はこの考え方に抵抗感というか罪悪感を持っていました。

しかし、よくよく考えてみると、**新聞を読むのも書籍を読むのも、自分にとって必要な知識を吸収するという点に違いはない**はずです。そうであれば、自分にとって必要な部分を探し出してその部分だけ集中的に読む、というのは極めて合理的な考え方です（だから、この本も、あなたに必要な部分だけを読めばいいのです！　ちょっと淋しいですが、笑）。フォトリーディングというのは、その「自分にとって必要な部分を探し出す」という部分を飛躍的にスピードアップする方法を提供しているわけです。自分にとって読む必要があるかないかをまず判断すべきとの考え方から、「全く読まない書籍」「(自分にとって)読む価値がない書籍」の存在をも認めているのです。

この考え方に気づけば、フォトリーディング講座を受けなくても、本を読むスピード(読まないという判断をした書籍や、つまみ食いした書籍も含めて)が相当アップすることでしょう。

社会人の書斎は通勤電車

本を読んでいますかと尋ねると、「本を読む時間ないんだよね～」などと答える方が多いです。確かに、忙しいビジネスマンにとっては、帰宅後や土日も家族との時間などあるでしょうから、読書時間を確保するのは難しいかもしれません。

そのようなビジネスマンにとっては、**通勤電車内が、最も有効に読書ができる時間**ではないでしょうか。多摩大学教授で「図解」シリーズの著書で有名な久恒啓一さんなどは、『通勤電車で寝てはいけない!——通勤電車と成功の不思議な法則』(三笠書房）の中で、通勤電車内で読書を進めるために、わざわざ職場から遠く（始発駅近くなど）に住むことを提唱しています。私自身はそこまでするつもりはないですが、**毎日片道30分、往復1時間は電車に乗っていますので、この時間に読書をすることで、最低でも毎日1時間は読書時間が確保**できます。

一度癖がついてしまうと、電車に乗っても本がないと落ち着かない状態になります。途中で読み終わると残りの通勤時間が退屈してしまうので、私は毎日最低2冊はカバンの中に入れて家を出ます（ちなみに出張や旅行に出るときには、必ず5〜6冊の新書か文庫本をカバンに詰めます。そのために、時々意識的に調達しておき、出張・旅行用に常時未読の新書や文庫本を自宅にストックしているくらいです）。ちなみに、読書ができないくらい超満員の電車で通勤している方は、少し通勤時間を早めてみると、混雑が緩和されるかもしれません。なお、頭の働く午前中を有効活用する観点からも、少し早めに出勤して仕事に取り組むのもおすすめです。

通勤電車以外に、もっと読書の時間を増やしたい場合は、**テレビを見るのをやめる**のがおすすめです。テレビを見る時間が1日2時間なら、その分を丸ごと読書時間に充てることができます。実際、私は**テレビを見ることをやめてから、年間数百冊の本を読む時間を確保**できるようになりました。

新聞は読むな

実は私は最近ほとんど新聞を読んでいません。新聞をじっくり読む時間があれば、むしろ読書をします。

新聞を読まない理由は次の通りです。

●速報性に劣るため

新聞の性質上、リアルタイムなニュース配信は、テレビやネットにかないません。このため、ストレートニュース（解説や批評を交えず、事実関係のみを伝えるニュース）についてはネットでチェックをしています。タレントの結婚・離婚は、最近は自身のブログやHPで発表することが多くなっています。新聞よりテレビニュースが速く、ネットはそれ以上に速く、かつカバーする範囲も広いです。

●一時的なフロー情報より、深く分析されたストック情報を得たいため

テレビを見ない理由と同じですが、書籍を読む時間を確保したいため、ニュースのチェックは最小限のものとしています。ニュースはフロー情報なので、現在起こっている事実のみを教えてくれますが、書籍はストック情報なので、歴史や過去も含めた情報源となっていることも、書籍を新聞より読みたい理由です。

そして、新聞がフロー情報といっても、**主要なストレートニュースが全て掲載されているのではなく、巧妙に取捨選択されている**ことにも注意が必要です。どのメディアにも一定のバイアス（偏見）があり、その主義・主張に合致するような事実のみを伝えているのです。例えば、「歴史問題に敏感な近隣諸国に配慮して日本は行動を改めるべきだ」という主義・主張を取っているとしたら、日本の過去の過ちや近隣諸国におけるデモ活動等については、過剰なまでに報道されます。一方で、その近隣諸国以外が日本をどのように捉えているかといった、広い視点に基づいた事実や、日本の過去のうち、近隣諸国も含め世界に非常に評価されているという事実については、全く報道されません。このため、新聞に掲載されている事実は間違いではありませんが、世の中で起こっている主要な出来事を全て報道しているわけでもありません。

●ネガティブなものに影響されないため

世の中のニュースには、オリンピックやワールドカップなど、日本人の活躍を伝えるポジティブなニュースもありますが、むしろ多数を占めているのは、殺人や強盗、交通事故や自殺などの事件です。しかし、このような事件が起きたことを知ったところで、関係者が事件に巻き込まれていない限りは、一般人にはあまり意味はありません。同情したら被害者が助かればよいのですが、決してそうはなりません。また、芸能人の結婚や離婚のニュースに詳しくなっても、当事者でない限り特に意味はありません。経済ニュースも、最近は暗いニュースばかりです。

このようにネガティブなニュースに触れていると、自分の考えまでネガティブな雰囲気に侵されてしまう恐れがあります。精神衛生上もよくありませんし、否定的な考えでいるとネガティブな事象を引き起こしてしまうという説もあります。わざわざネガティブな考えを自分の中に呼び込む必要はありません。

この点、書籍であれば、前向きな内容（もしくは問題を解決する手段が述べられているような内容）のものが多いので、考えも前向きになれます。

「新聞を読むな」と書きましたが、私も本当に新聞を一切読まないというわけではありません。主要な記事はざっと斜め読みしています。ここで私が強調したいのは、**新聞だけ読んでいても知識が深まらないのではないか**、という問題提起です。現代のように、情報が氾濫している時代には、新聞に書かれているフロー情報だけに触れていると、そこで起こっている重要な流れや節目を見逃してしまいます。全体の流れや出来事の意味に関する深い洞察を得るためには、深い分析の元に書かれている書籍を併せて読むことが必要ではないでしょうか。

情報の取捨選択のモノサシを持つ方法

現代は、情報化社会と言われています。情報の「量」は、日々、どんどん増えています。しかし、このあふれる情報の中でどれを活用するかを知らなければ、情報の海に溺れてしまいます。実際のところ、新聞やテレビ、ネットにあふれるニュースなどのフロー情報に沢山触れているだけでは、表面的な知識は身についても、本質的な理解に結びつかないことが多いのです。

こうした情報の取捨選択や、気づきを得る上で大切なことは、自分の中に情報選択の基準やモノサシを持つことです。そして、そのために最適なのは、読書です。なぜなら、書籍は特定の物事に関するストック情報なので、個々の背景や詳しい分析結果を教えてくれます。これにより、**フロー情報に触れたとき、覚えておくべき情報や、より深掘りすべき情報が、自分のアンテナに引っかかります。**

例えば、ソ連崩壊後、唯一の超大国となった米国は、財政赤字と貿易赤字（いわゆる「双子の赤字」）の累積が巨大になり、没落寸前と言えます。『ボロボロになった覇権国家（アメリカ）』（風雲舎）の著者北野幸伯氏によれば、米国が破綻しないのはドルが基軸通貨だからだ、と主張します（基軸通貨国でなければ、対外債務は外貨建てになり、赤字が累積すると自国通貨が下落することにより、ますます対外債務の支払いが重荷となります）。このため、米国は米ドルを防衛するためには、原油取引の決済通貨をドルからユーロに変えた経緯のあるイラクに対して戦争でも何でもやるのだ、と。このような視点を持っていると、イラク戦争（２００３年）や、ユーロが米ドルの流通量を超えたこと（２００６年）の報（フロー情報）に接したときに、それまでとは違った捉え方ができるはずです（少なくとも、「へぇ〜そうなんだぁ」とは言えないはずです）。

私はこの点に気づいてから、意識的にフロー情報を少なくし、その分ストック情報である書籍に費やす時間を増やしています。

ここまで、具体的な読書の方法として、多読方法、つまみ食い、読書時間の捻出の仕方などをお伝えしてきました。**良質なストック情報に数多く触れることが、より自**

分のアンテナを高め、本質をつかむことにつながるからです。1人の人生でできる経験は限られています。しかし、他人の知識や経験をギュッと濃縮して得られるのが読書です。読書により、他人のレバレッジ（てこ）を利かせて効率的に、早く目標を達成したり、プライベートを充実させたり、好きなことに取り組むことができます。結果として、それが人生を創造的に生きることにつながるということをお伝えして、本章の結びとします。

第4章

世界の現場で通用する英語術

英語が苦手な私のグロービッシュ

本章では、私が官僚として働きながらどのように勉強してTOEIC900点を実現したか、また、**英国ケンブリッジ大学に留学した際に学んだ実践的なコミュニケーション術**について、ご紹介します。

世界の英語人口は14～15億人だそうですが、そのうち英語を第一言語とするいわゆる「ネイティブ」は4億人にすぎません。英語を話す人の約70％は第二言語として話す人たちなのです。これだけネイティブでない英語使用者が多いと、非ネイティブ同士のやりとりが多くなります。そして、そこに求められるのは複雑な文法や発音ではなく、**最小限のボキャブラリーとシンプルな構文を使った英語**です。ちなみに、このような完璧でない簡易版の英語を、GLOBISH（グロービッシュ。GLOBAL＋ENGLISH）と呼ぶそうです（『週刊東洋経済』2010年9月18日号）。

実際、私が日常会話で使っている英語は、中学レベルで習うような単語ばかり。単数形や複数形、時制など、ほとんど気にせず使っています。それでも、コミュニケーションには困っていません。

現在私が内閣府の「東南アジア青年の船」などの仕事で付き合う外国人は、非英語圏の方も多いです（もちろん英語圏のフィリピン人やシンガポール人ともお付き合いしていますが）。向こうの人は、片言の英語で積極的に話しかけてきます。こちらも難しい言葉は使いませんが、それで何か困るわけではありません。先日も、中学レベルのボキャブラリを使った英語でスピーチを行いましたが、簡単な英語だからといって文句を言うような人はいませんでした。

「正確な英語を使用する」ではなく、「コミュニケーションを取る」ということを優先させた場合には、文法の間違いなどを気にしているより、心がけた方がいいポイントは他にあります。例えばその**外国人の名前をきちんと覚えたり、会ったら「にっこりする」ことの方が重要**です。また、何より重要なのは、「何を言うか」でしょう。それがしっかりしていれば、つたない英語でもしっかり聞いてもらえます。

ケンブリッジでも、オーラル（口語）で使われる英語は、簡単な単語ばかりでした（もっとも、教科書の単語や、論文では多少難しい用語も使わなければなりませんが）。

英語を母国語としないクラスメイトが多かったこともあるのでしょうが、英語にはもともと簡単な単語でコミュニケーションが成り立つという特徴があります。

幸運なことに英語を母国語としない人々が英語を使うようになったおかげで、英語の側の敷居が下がりました。これは、英語を苦手とする日本人にとっては非常に心強いと思います。中学レベルの単語や文法は頭に入っているという日本人はとても多いからです。あとは恐れずに、恥ずかしがらずに話しかける勇気さえ持てば、世界中の人々とコミュニケーションできる時代がもうそこまで迫っています。

全く英語が通じなかったMBA初日

ケンブリッジのMBAの授業が始まってまず困ったのは、英語がわからないことでした。一応、大学院レベルに必要なTOEFL（CBT）250、IELTS7.0（IELTSは英国版TOEFLのようなもの。ただしスピーキングはネイティブとの会話テストで評価される）のスコアは持っていました。しかし、聞き取れないのです。

正確に言うと、講師の英語はほとんど聞き取れます。講師はイギリス人が多く、発音もきれいだからです。しかし、クラスメイトの英語が聞き取れないのです。クラスメイトは45の国籍からなる105人。その中には、英語を母国語としない人も大勢います。様々な癖のある英語が飛び交っていました。当然ながら、日本で私が聞いていたCD教材にはそのような「多様な」英語は収録されておらず、全てきれいなアメリカ英語だったのです。

しかもまずいことに、**MBAは一方的に講師の英語を聞いていればよいものではなく、ほとんどの授業で、クラスメイトとのグループワークがある**のです。

これには参りました。当初は無口なフリを装っていました。しかし、そんなことをしていてもいずれバレます。正直に、英語がよく聞き取れないことを、当時のグループメンバーであるアメリカ人、南アフリカ人、エジプト人、シンガポール人に話しました。私以外はネイティブ同然で、英語に問題があるようなメンバーはいませんでした。しかし、その当時のメンバーは大して気にしておらず、「英語がわからないなら聞き返せばいいさ」というノリでした（ちなみに後で判明したところによると、当初私が無口だったので、「こいつは作業から逃げてフリーライドするために何も発言しないんだ」と思われていたそうです）。

このように最初は足手まといになっていましたが、時間が経つにつれて、徐々に会話に入り込めるようになっていきました。ただ、癖のある特有の英語には、なかなか慣れることができませんでした。特に、インド英語は私にとってとても聞き取りづらかったのです。そのことをメンバーのシンガポール人に相談したところ、「インド英語は癖があるからなぁ」と共感してくれました。

面白かったのは、シンガポール人の彼にとってみれば、「でも日本人の英語も癖があるよ。インド人と同じくらいジャパニーズイングリッシュは特徴がある」と言っていたことです。こう言われてしまうと何も反論できず、笑うしかありませんでした。さらに面白かったのは、アメリカ人に言わせると、「そんなこと言っているけど、シングリッシュも随分癖があるわよねぇ」と言うのです。シンガポール英語はシングリッシュと言われ、省エネ的というか、流れるように話すので、インド英語ほどではないですが私には結構難しいものでした。

このように、世界で話されている英語は、きれいな英語ばかりではありません。日本人の英語も、随分と癖があるようです。しかし、私が学んだのは、そんなことは気にする必要はない、ということです。彼らにとって、癖のある英語は「織り込み済み」。**コミュニケーションさえ成立していれば、大して気にしていない**ものなのです。

恐怖の英語面接試験

通常の大学院入試は、基本的に書類選考なのですが、ケンブリッジの経営学大学院はいわゆるＭＢＡという実践的な学問でしたので、面接試験がありました。もちろん英語です。

ＴＯＥＩＣやＴＯＥＦＬなど、英語のペーパーテストの勉強はしていたものの、会話の実践経験がほとんどなかった私には、この英語面接試験はかなり苦戦することが予想されました。このため、事前に、日本で英語ネイティブと電話英語レッスンができるサービスを利用して、模擬面接試験をしてもらいました。電話では、身振り手振りでごまかしたりすることができず、完全にヒアリング能力に依存するため、練習にはもってこいなのです。ケンブリッジ大学以外の英国のＭＢＡ、例えばブライトン大学などは、電話による面接試験（インタビュー）でした。

ケンブリッジ大学への入学試験の面接は現地での面談でしたが、これも入念に準備を行いました。志望動機についての発言メモを作成し、さらにそれを自分で朗読してＩＣレコーダーに吹き込み、その録音した自分の声を渡英する飛行機の中で何回も繰り返し聞いて丸暗記するようにしました（自分のつたない英語を聞くのは、本当に苦痛でしたが、笑）。

そして、ついに本命のケンブリッジ大学試験。志望動機の最初の方で面接官から話の腰を折られ、随分と議論になりました（といってもこちらはつたない英語での防戦一方でしたが）。結果としては、電話面接の効果があったのかなかったのかわかりませんが、何とか合格していました。手ごたえはあまりなかったので安心しました（もっとも、この面接では、英語力より志望動機や職歴の方が重要だったようです）。

今だと、**スカイプを使って格安で英語レッスンが受けられるサービス**があるので、そういったものを利用するという手もありそうです。

いきなり単語帳を買わない

英語の勉強をしなくては！　といきなり単語帳を買われる方がいらっしゃいます。別にそれでもよいのですが、まずは英語を勉強する目的を設定し、次に戦略を構築しないと、時間の無駄遣いとなります。

英語を勉強する目的には以下のように、様々あると思います。

・大学院留学（目的はMBA、LLMなどの修士号以上の学位を取得すること）
・語学留学（目的は英会話能力の習得）
・TOEICのスコアアップ
・海外旅行で困らない程度の英会話を身につける
・仕事、ビジネスで使用する英会話力、ビジネスレター（メール）を身に付ける

・英語文献を読解する力を身に付ける

目的をどこに置くかによって、その達成のための戦略は当然ながら異なってきます。私の場合は大学院留学（修士号）が英語を身に付ける目的でした。大学院留学では、英語そのものが目的というより、修士号を取得することが本来の目的ですが、そのためには、授業についていくためのリスニング力、論文を書くためのライティング力、そして何より入学試験に合格するレベルのＴＯＥＦＬ・ＩＥＬＴＳのスコアや志望動機論文（エッセイ）が必要でした。

そのため、当面はＴＯＥＦＬ（ＣＢＴ）２５０点を目標に置き、戦略を以下のように立てました。

・ＴＯＥＦＬをまずは受けてみる（試験そのものの把握）
・苦手分野の認識（ＴＯＥＦＬを受けてみた結果を見て、自分の弱点となるセクションを発見する）

・セクション毎（例えば、リスニングセクション）の目標スコアの設定
・セクション毎の対策の立案
・セクション毎に必要なテキスト、CD、問題集の調達

ここまでできて初めて、実際の受験勉強がスタートできるというわけです。

TOEIC900点突破術

最近、楽天やユニクロが社内英語公用化を発表したり、三井住友銀行が総合職全職員にTOEIC800点を求めたりと、グローバル人材育成の動きが加速しています。

TOEICとはTest of English for International Communicationの略称で、英語によるコミュニケーション能力を幅広く評価する世界共通のテストです（ETS公式ホームページ）。TOEICのスコア900は、殊更にすごいことのように言われていますが、帰国子女でなくても取れるレベルのものです。また、留学経験者でなくて

も取れます（私は「留学前に」905を取りました）。

しかし実際には、**TOEIC900レベルでも、英語がほとんどしゃべれない人がいます。**なぜそんなことをわざわざ言うかというと、私が実際にそうだったからです。TOEIC905、TOEFL（CBT）267を引っさげて意気揚々と留学生活をスタートさせたのですが、授業が始まってみると、クラスメイトと日常会話することさえ困難でした。何を言っているのかさえよくわからないし、自分の考えていることもうまく伝えられないのです。なぜこんなことになるかというと、TOEICで測られる能力と、実際の会話に必要な能力にはズレがあるのです（例えばTOEICにはスピーキングテストはありません）。

また、**TOEICは世界中で認知されているもののように思われていますが、それも違います。**米英では、ほとんどTOEICは認知されていません。私も留学中にイギリス人と話題にしたことがありますが、TOEICを知っている欧米の方には1人も出会いませんでした（ただし、韓国では通用します）。

にもかかわらず、TOEICが日本（や韓国）でこれほど重視されるのは、このテストは数値でスコアが出るので、客観的な指標として非常にわかりやすいからだと思います。

そういう意味では、私は**TOEICは履歴書に書く程度のもの**と割り切っています。このようにTOEICは万能ではないということをまず理解した上で、TOEIC高得点を目指す場合の戦略を立てる必要があります（そもそも、TOEIC高得点を目指すことが自分の目的に合うかどうかをしっかり考える必要があります。もちろん、企業が採用の条件とするような場合もあるので、TOEICの高得点を目指す目標が必ずしも間違っているわけではありませんが）。

私が行ったTOEIC900点突破術をごく簡単に述べれば、①TOEICを実際に受けてみて、②自分の弱点を把握し、③弱点分野を中心に対策（問題集など）し、④再び受験する、ということに尽きます。そのサイクルは、早ければ早いほどいいです。**TOEICは年に8回受けられますから、何回も受ければいいのです。というより、何回も受けるべきなのです。**次のTOEICまでにこの問題集をつぶす、ということを目標にして、何度も①～④のサイクルを繰り返すのです。早い人は少ないサイクルで目標点に達するでしょうし、遅い人は時間がかかるという違いだけです。最終的にはリスニング、文法、リーディングのどれもバランスよく取れなければ高得点は望めませんが、最初のうちは苦手分野に集中した方が、スコアの上がり方は早いと思います。

リスニングに徹底的に慣れる

英語の勉強、どこから始めるべきか、とよく聞かれます。これに関しては、TOEIC対策にしても留学目的にしても、自信を持って「リスニングから」と答えるようにしています。

その理由は2つあります。

●苦手分野対策から始めるのは「テスト対策の鉄則」

まず1つ目の理由です。100点満点のテストで40点しか取れない人を60点まで引き上げるのは比較的簡単ですが、70点の人を90点まで引き上げるのは困難だからです。つまり、**基本を押さえれば、満点は無理でもある程度の点数までは到達しやすい**のです。

一般的に、日本人は文法やリーディングは比較的得意ですが、それに比べてリスニングの苦手な人が多いのではないでしょうか。私自身もそうでした（日本の英語教育は「読み」が中心ですから、別に不思議はありません）。

●言葉を覚える自然の摂理に従う

次に、2つ目の理由です。私たちが日本語を覚えた順番もそうだと思うのですが、まずは**両親や周りの人の話す言葉を聞いて真似て話し、そのうち読み方を覚え、自分でも書くようになっていく、という自然の摂理**に従う方がムダがないからです。

これを先にリーディング、ライティングから完璧にしてしまうと、自己流の読み方で単語を覚えてしまい、後で別の言語としてリスニングをやり直さなければなりません。このようなムダを省くために、まずはリスニングから始め、次第にリーディング、ライティング、そしてスピーキングへと進めていくのがよいのです。

●英語のシャワーを浴びる

そこで、まずはリスニングに徹底的に慣れる必要がありますが、その具体的方法とは、英語を繰り返し、長時間聞くことに尽きます。

友人の財務省の池田洋一郎君は、TOEIC450点の状態から、年間約30万円で通い放題の英会話学校に通い、見事米国ハーバード大学（ケネディスクール）への合格を果たしました（『ハーバード・ケネディスクールからのメッセージ』、英治出版）。彼はこの方法で、「キュイーン」と英語力が上がったと嬉しそうに私に語りました。

池田君の1年遅れで留学の準備を始めた私は、英会話学校には通いませんでしたが、やはり英語のシャワーを浴びるのが上達の決め手だと感じ、特に耳に英語を聞かせる時間を大幅に増やしました。具体的には、**リスニング用のCD教材を沢山買い込み、日替わりで必ず出勤途中に聴くようにしたり、「スカパー!」でBBCニュースを毎晩見たりしました。**

朝晩の通勤が徒歩と電車を合わせて片道1時間ほどでしたので、その間中は（聞いていてもいなくても）耳からヘッドフォンを手放さないようにしました。別にCDウォークマンでなくても、もちろんｉＰｏｄでもＭＤウォークマンでも、カーステレオでも構いません。まずは、**「英語を聞く環境を整える」**ことが重要です。

ケンブリッジ留学に役立ったリスニング教材集

私が使用していた教材は、以下のようなものでした。難易度が簡単なものから並べました。飽きたら次のＣＤ、という感じで全てを理解していなくても、日替わりでチェンジしていきました。これらの教材は、『ＴＯＥＩＣテスト９００点・ＴＯＥＦＬテスト２５０点への王道』（ダイヤモンド社、杉村太郎）でも一部紹介されていますが、私が実際に使用してみて役立ったものです。

これらの教材は、本を買うというよりＣＤを買うという感覚です。テキストは、ヒマなときに目を通すくらいで、まずはＣＤをどんどん聞きまくっていました。どうしても聞き取れない、何を言っているかわからないというときに本を参照するくらいでよいかと思います。

①『英単語・熟語ダイアローグ1200』(旺文社、秋葉利治、森秀夫)CD2枚

大学入試レベルの1200単語が、親しみやすいダイアログ(会話)形式の中に混ぜ込まれているので、自然と覚えられる。ダイアログ(会話)も、テレビに関する話題や、人口爆発など多岐にわたっていて飽きがこないように工夫されている(まあ、何回も聞けば飽きるのですが……)。このCDを聞いてみて、簡単すぎるようなら次に進むとよい。

②『英単語・熟語ダイアローグ1800』(旺文社、秋葉利治、森秀夫、Paul Merredew)CD3枚

ダイアログ1200の姉妹版でちょっと難しくしたもの。TOEFL高得点を目指すには簡単なレベルかと思いますが、TOEICレベルの1800単語を、やはりダイアログ形式の中で混ぜ込んでくれる。リスニングはいきなり難しいものが聞き取れ

るわけではないので、このレベルもしっかり押さえるのがよい。

③『戦略的TOEICテスト ボキャブラリー 基本編』（SSコミュニケーションズ、野呂健、野村展子）CD2枚

ＴＯＥＩＣに必要なレベルの単語を覚えさせるために、やはりダイアログ形式で覚えられるという点については、出版社は違うがダイアログシリーズと同じ。ＴＯＥＩＣを対象にしているだけに、ビジネスシーンの会話が展開される。ちなみに、ＴＯＥＦＬシリーズもあるが、ＴＯＥＩＣシリーズの方が単語レベルが簡単なので、こっちからやった方がよい。

④『戦略的TOEICテストボキャブラリー 完成編』（SSコミュニケーションズ、野呂健、野村展子）CD2枚

③の発展版。

おすすめのリスニング教材集

簡単 ↕ 難しい	
簡単	①『英単語・熟語ダイアローグ 1200』(旺文社、秋葉利治、森秀夫) CD 2 枚
	②『英単語・熟語ダイアローグ 1800』(旺文社、秋葉利治、森秀夫、Paul Merredew) CD 3 枚
	③『戦略的 TOEIC テスト ボキャブラリー 基本編』(SS コミュニケーションズ、野呂健、野村展子) CD 2 枚
	④『戦略的 TOEIC テストボキャブラリー 完成編』(SS コミュニケーションズ、野呂健、野村展子) CD 2 枚
	⑤『TOEFL ボキャブラリー――1 日 1 レッスン 20 日で完全マスター』(SS コミュニケーションズ、仲本浩喜) CD 2 枚
難しい	⑥『戦略的 TOEFL テストボキャブラリー 完成編』(SS コミュニケーションズ、仲本浩喜) CD 2 枚

⑤『TOEFLボキャブラリー――1日1レッスン20日で完全マスター』(SSコミュニケーションズ、仲本浩喜) CD2枚

③と④のTOEFL版。TOEFLシリーズは会話形式ではなく、朗読(ナレーション)形式となっている。トピックのバラエティは素晴らしく、自然科学や歴史、文化など、実際のTOEFLで出題されるような、リスニングやリーディングのネタに似通ったトピックを網羅している。

⑥『戦略的TOEFLテストボキャブラリー 完成編』（SSコミュニケーションズ、仲本浩喜）CD2枚

⑤の発展版。

「スカパー!」で生ニュースに触れる

生の英語に触れるには、どのような機会があるでしょうか。

例えば、**有料の多チャンネル衛星放送「スカパー!」では、月額1000円程度で「BBCワールドニュース」や「CNNj」が視聴できます。**私は英国留学を目標としていたので、英国で実際に見ることになるであろうBBC（英国放送協会）のニュースを、日本にいるときからテレビをつけっぱなしにして見ていました。

ちなみにBBCでは、扱うニュースの質が日本のNHKのものと全く違います。日本については、2011年の東日本大震災など、大きなニュースでない限り、ほとんど話題になりません。かと言って、日本のニュースメディアと違って、BBCは英国

内のニュースに終始することもほとんどありません。**英国内のニュースに加え、米国や、世界で起こっている主な出来事がごく日常的に報道されます。**このあたりは、七つの海を支配し、世界中に植民地を持っていた大英帝国時代の名残と言えるかもしれません。

ところで、**英語ニュースが聞き取れない要因として、英語がわからないケースと、報道ネタがわからないケース**が挙げられます。ネタがわからなければ、いくら英語力があってもついていけないのです。日本語でも、例えばシーア派とスンニ派の違いが話されてもちんぷんかんぷんな人も多いでしょう（両派は、イスラム教の2大勢力のことです）。BBCを聞くことで、英国で常日頃報道されているネタにあらかじめ詳しくなれたことは、英語耳を作ること以上に報道ネタの「予習」として非常に役に立ちました。

ちなみに、ここではBBCを扱いましたが、米国留学を目指す場合や、米国発のニュースがよければCNNがよいと思います。また、ドキュメンタリー好きなら世界180ヶ国、38言語で配信されている世界最大の「ディスカバリーチャンネル」もおすすめです。

「文法」は暗記分野だ！

「文法」はルールを理解することが大切だ。こう思っている方が多いと思います。

しかし、**「文法」は丸暗記すべきもの**です。

これに否応もなく気づいたのは、ケンブリッジの語学学校での一コマでした（語学学校は英語を母国語としない留学生のための学校。10月から始まる学期の前、8月頃開講されるので、サマースクールと呼ばれる）。

あるとき、Do a homework assignment（宿題をする）という一文を目にしました。assignmentは「割り当て」とか、「宿題、課題」という意味です。homeworkも「宿題」の意味なのでここではhomework assignmentでまとめて「宿題」となりますが、「a」が付いているのでassignmentは可算名詞となります（この場合「a」はhomeworkに付いているわけではなくassignmentに付いています）。assignment

が可算名詞ならば、同じ「宿題」という意味のhomeworkも可算名詞だろうと思って、文例集や辞書の中からa homeworkやhomeworksをいくら探してみても、見つからないのです。不審に思い、講師にhomeworksとは言わないのかと尋ねたところ、しばし熟考した後に、「そうは言わないな」と言われました。納得がいかない私は、さらに、「assignmentsとは言えるのに、なぜですか」と尋ねましたが、「homeworksは見たことがない。理由はわからないが……」ということでした。

彼は生粋のイギリス人で、50代のベテランの英語講師です。もちろん英語のネイティブ。その彼ですら、このような簡単な問いに答えられないのでした。**彼にとって英文法は、論理的に理解しているものではなく、あくまで感覚的に、「通常、その英語は使われるか」で判断しているだけ**です。

これは、私たち日本人にとっての日本語文法と同じです。例えばある外国人は私にこう言いました。日本語の「さようなら」は実際の発音では「さよおなら」ではないかと。なぜ「さようなら」と発音しないのかと。確かに、言われてみると私たちは「さよおなら」と発音していながら、「さようなら」と表記しているのです。このような例は日本語にも沢山ありますが、私たちは、（言語学者でもない限り）このような疑問に論理的に答えることはできません。「理由はわからないけど、そうなのだ」と言うしかないでしょう。

言語の文法はそういうものです。長年にわたり使われた結果現在があるので、論理的でないルールが沢山あるのがむしろ当然なのです。

したがって、このような文法の性質上、**ルールを論理的に理解することより、用法を丸暗記した方が効率的**と言えるわけです。Talk about this topic.（この話題について話してください）と言いますが、Discuss about this topic.（この話題について議論してください）は間違いですね。そう、discuss は前置詞（at、on、about など）を伴わない動詞（他動詞）なのです。ですから discuss を使うのであれば、Discuss this topic. が正しい。なぜか？　知りません（笑）。とにかく、discuss はそうなのです。パブロフの犬の如く反応できるようになるまで動詞と前置詞の組み合わせを丸暗記して、discuss about に違和感を覚えるようになれば、文法をマスターしたと言えるのです。

ネイティブが使う超簡単英会話

英語が自然に口から出てくるネイティブと、私のように考えながら使っている人間では、使う言葉が全然違います。

例えば、とあるプロジェクトで、クライアント先の企業担当者と電話インタビューのアポが取れたかどうかを確認したいとします。私であれば、えっと〜返事が来たって何て言うんだっけと少し考えて、

Did they respond to us?
Did they reply to us?

などと言ってしまうのですが、ネイティブは

Do they come back to us?

と超簡単に言います。文字通り訳せば「私たちのところに戻ってきましたか？」となりますが、この文脈では、「私たちに返事をくれたか」ということになります。

このような場面に遭遇すると、「簡単な単語を使って会話するのがネイティブなんだよな〜」と感心すると同時に、乗り越えられない高い壁を感じるわけです。

この他にも、ネイティブはgo/comeを使った会話を多用します。

go well：うまくいく

come along：How is your project coming along?「プロジェクトはどんな感じなの？」

come on：なんでやねん（ツッコミとして）／応援するとき（例：Come on Cambridge!)

go on：What's going on?で「何が起こってるの？」。ongoingで進行中

ただ、注意点もあります。簡単な言葉を使うと意味が広くなるので、上記のcome back の例では、別の意味になる場合があります。

Come back to me. 俺／わたしのとこに戻って来いよ。

別れた男女がヨリを戻そうとする会話でも使われるのです。実際、人気ドラマ「24—twenty four」でも、このような会話がありました。

英語のプレゼンをうまく乗り切る方法

英語がある程度できる場合であっても、英語面接試験や授業、ビジネスミーティング、プレゼンなどは苦手としている方が多いのではないかと思います。私自身、英語がある程度できるようになってもそういった場面では緊張するタイプなので、その気持ちがよくわかります。

こういった場合は、**徹底的に予習するのが正解**です。事前に資料がある場合はよく読み込んでおいて、疑問点を明確にし、誰にどういう質問をするかもあらかじめ決めておきます。また、自分の発言部分については、あらかじめ発言メモを作成し、丸暗記して臨みます。もちろん、想定外の質問が出るなど、事前に準備できない部分もどうしても残ります。しかし、このように準備をしておけば、あたふたするような場面は極力少なくできますので、安心できます。

私は実際、大事なプレゼンテーションの前にはストップウォッチ片手に何十回も練習をしたり、授業の前には質問を最低1個は用意しておくなど、重要度に応じて事前の準備を心がけました。

そのおかげで、授業やプレゼン、打ち合わせや面接など、ひと通りのことを経験した今では、少々のことではそれほどビビらなくなりました。フォーマルで儀式っぽいことが多い（特に役所の会議がそうですね、笑）日本での会議・プレゼン・授業と異なり、海外ではリラックスした雰囲気で行われることが多いので、質問やコメント、冗談などが沢山出るのが普通です。余裕ができてくると、その場の雰囲気に応じて、事前に準備していない発言もできるようになるものです。実力が伴わないうちは、徹底的に予習をすることで乗り切ります。

DVD上映会の効能

楽しく英語を勉強しようと考えたときに、思いつくのは「映画」で勉強しよう、ということだと思います。私自身も、試したことがあります。

わざわざイギリスに来てまでアメリカ映画を見るなんて、と最初は思っていました。しかし、その異様に多い登場人物と複雑なストーリーが絡み合う展開にハマってしまいました（こういうときは英語では、「Addictive」と言います）。

Addictive：

【形】中毒性〔ちゅうどくせい〕の、病みつきになる、中毒〔ちゅうどく〕を（引き）起こす、中毒〔ちゅうどく〕になりやすい、常習的〔じょうしゅうてき〕な、常

用癖〔じょうようへき〕がつきやすい　（英辞郎より引用）

私がハマったのは、「24―twenty four」という米国のテレビドラマです。複数の出来事や事件が同時に進行し、1つのシーズンが1話1時間×24話の24時間で完結します。米政府のCTUロサンゼルス支局（Counter Terrorist Unit、テロ行為を防ぐことを任務とする捜査機関）の捜査官ジャック・バウアーたちがテロリストと戦う、サスペンスアクションドラマです。ちなみに2001年の9・11（米国同時多発テロ事件）以降リリースされた作品です。テロでさえネタにしてしまう米国の商業魂には驚くばかりです。日本でも、2003年以降、レンタルビデオ化によって人気が爆発し、レンタルビデオ店の前に「24」を求めて行列ができるなど、話題になりました。

さて、この「24」ですが、ケンブリッジの友人の間でも話題となり、私の家や友達の家で徹夜で上映会をやりました。さすがに24時間連続では見られないので、何日かに分けて見ました。上映会の後も、冬休みに入ってから「英語の勉強」という自分への言い訳を用意して見まくってました（笑）。

黒幕とされる人物の行動（例：シーズン1のニーナ）が以前の言動と論理一貫性がなかったり、政府組織（CTU）が人（犯罪者とはいえ）をやたらと殺したり、と納得いかない点は幾つかあります。それでも、飽きさせない意外性のある展開はさすが。イギリスにいる間に、シーズン4まで見ました。4×24時間で96時間分ですね。何と、全部でシーズン8まで出ているようです。視聴者の健康も考えてほしいものです（笑）。このように、「24」のオールナイト上映会を通じて、物語の展開や真犯人の推測などをみんなでワイワイ語り合う機会を作ることができました。

英語で「ベホイミ！」ドラゴンクエスト英語

英語を楽しく勉強する方法はないだろうか？　と考えたときにさらに思いついたのは、ドラクエ（ドラゴンクエスト）を英語版でプレイすることでした。私はドラクエやFF（ファイナルファンタジー）などのRPG（ロールプレイングゲーム）に目がないのです。ゲームにハマると仕事に身が入らなくなる可能性があり、国家に損失を与える恐れがあるので（笑）、ゲーム機本体を買わないように自分に厳しく戒めているくらいです。ちなみに、英語版ドラゴンクエストはDragon Questではなく、Dragon Warriorと言います（どうやら版権の問題があり、Dragon Questが使用できないようです）。

実際にプレイしてみると、呪文などの用語の和英の違いが、かなり面白いです。（以下私の最も好きなDragon Warrior3つまりドラクエ3に準拠）。

例えば、「回復呪文」。体力を回復する呪文である「ホイミ」を強力にしたものは「ベホイミ」ですが、英語ではHealとHealMore。何とわかりやすい。さらに、ベホマ、ベホマラー、ベホマズンに至っては、HealAll、HealUs、HealUsAllと、英語を見た方が意味がわかりやすいほどです。

他にも、竜になって攻撃するドラゴラムはBeDragon、敵を眠らせるラリホーはSleep、宝箱の中身を判別するインパスはX-rayなどと、英語版ドラゴンクエストは直接的な訳が目立ちます。

さらに、（多少なりとも英語の勉強になりそうな部分を探すと）敵（モンスター）

ドラゴンクエスト英語

戦闘場面	Fight	戦う
	Spell	呪文
	Run	逃げる
	Item	道具
	Critical Hit	会心の一撃
	Brutal Hit	痛恨の一撃
回復呪文	Heal	ホイミ
	HealMore	ベホイミ（ホイミより大きく回復）
	HealAll	ベホマ（最大値まで回復）
	HealUs	ベホマラー（味方全員を回復）
	HealUsAll	ベホマズン（味方全員を最大値まで回復）
その他呪文	BeDragon	ドラゴラム（自分自身をドラゴンに変身させて炎で敵を攻撃する）
	Sleep	ラリホー（敵を眠らせる）
	Return	ルーラ（一度行ったことのある町や村に移動する）
	Outside	リレミト（洞窟や塔、迷宮などのダンジョンの中から即座に入口まで脱出）
	X-ray	インパス（宝箱の中身を判別する）

と出会ったときのコマンドで「にげる」というのがありますが、これは英語版では「run」と言います。そう、「走る」のrunです。直訳したescapeとは言いません。英語のescapeは確かに「逃げる」という意味ですが、脱出する、免れる、避難する、といったようなニュアンスなので、敵モンスターから文字通り走って逃げる場合には、runが相応しいのです。Run away（逃亡する）という熟語もありますね。

日本語版のゲーム同様、英語版ドラクエにもハマってしまい、英語の勉強になったかどうか不明であることは、正直に告白しなければなりません（笑）。しかし、このような形で、**英語を楽しく勉強する方法を模索することにより、英語そのものに興味を持ち、単調になりがちな勉強を飽きさせないようにする工夫**は、大切だと思うのです。

MBAにおけるコミュニケーションとは

大学院レベルの学問において、一番必要なのは論文を書くためのアカデミックなライティング力だと思いますが、実践的なコースであるMBA（経営学修士）の場合は、ライティング力はそれほど必要ありません。卒業論文も確かにありますが、高度なアカデミックライティングは求められません。その意味で、ケンブリッジＭＢＡで最も苦労したのは、英語のコミュニケーションでした。

ＭＢＡの授業は一方通行ではなく、**双方向のコミュニケーション**が通常のスタイルです。したがって、通常の授業での発言やグループワークでの貢献、プレゼンテーションなどのトータルな「コミュニケーション力」が絶対的に必要です。

例えば、授業の中である生徒の発言に続いて次の生徒が発言し、自然発生的に議論が始まったとき、途中から割り込んで持論を展開したり、グループワークでチームをリードする主体的な役割を発揮したり、プロジェクトの中で電話インタビューなどの役割を率先してこなせたりすることが求められます。

45の国籍からなる１０５人のＭＢＡのクラスメイトは、英語が母国語でない人も多かったのですが、英語に問題のある人は非常に少なかったです。このような中で、留学するまでほとんど英語を使ったことのない私は、発言には大きな勇気が必要でした。レクチャーは50人が参加する大きな教室で行われるので、一層緊張します。グループワークではそれなりに発言していましたが、何が話し合われているのかよくわからないことも当初は多かったです。

しかし、多少英語に慣れてきてよく聞いてみるとネイティブが発言する内容も「おぉ～なんて斬新なアイデアなんだ！ さすがMBAだな～」と感心するようなものは、1ヶ月に1回もあればいい方で、大体は「理解できる範囲内」でした。むしろ、欧米社会では「スピードとタイミング」が（時として）「内容」よりも大切でした。**思っていることがあれば、すかさず言わないと損をします。何も言わないでいると、異論がないまたは意見がないものと見なされます。**

そして、発言できるか・できないかは**英語の問題よりは純粋に問題意識**（もしくは「質問力」）だと感じるようになりました。問題意識が明確であれば、何とか下手な英語を駆使して相手に理解してもらうこともできますが、その逆は不可能です。

振り返ってみると、留学中に英語の中で最も伸びたのは、ライティングでした。何本書いたかわからないレポート課題や、1万ワード程度の論文を2本書くことにより、表現力が上がっていきました。また、友人へのメール連絡やチャットも全て英語のやり取りでしたので、コミュニケーション力もつきました（もっとも、最近は友達と英語メールやチャットでやり取りするスピードが、留学中に比べて遅くなったなぁと感じることも増えましたが、笑）。

ケンブリッジで学んだコミュニケーション力は、**英語力そのものに加え、問題意識の持ち方や意見を言うタイミング**なども含まれていました。英語は、**文法も単語も簡単なグロービッシュでも構わないのですが、内容やコミュニケートしようとする意欲**の方がより重要なのだと感じました。

本章までで、仕事術、人脈術、読書術、英語術など、仕事に直接役立つスキルをお伝えしてきました。一方で、バリバリ仕事をしてアウトプットを出すには、**クールに集中する時間帯と、プライベートにリラックスする時間帯のバランスを取る**ことが必要です。次章では、私がケンブリッジのエリートから学んだリラックス術も踏まえて、自分自身のワーク・ライフ・バランスについてお伝えします。

第5章

仕事を充実させる官僚のプライベートライフ

首相が育児休暇を取る国

質の高いアウトプットを生み出すには、一見「遊び」に見えることに時間を使ったり、リラックスして人生を楽しむ姿勢が必要です。私は国会答弁作成や法案作成業務など、自分ではコントロールできないほど仕事が忙しいとき以外は、可能な限りプライベートの時間を確保し、自分の好きな活動に存分に取り組むようにしています。このことが、気分転換と発想力を生み出し、仕事の一層の充実につながるからです。

本章では、私がケンブリッジのエリートから学んだリラックス術も踏まえて、**忙しい中でもプライベートを充実させる方法や、仕事とプライベートのバランスをどのように取っていけばいいのか**について、ご紹介します。

1999年、英国のトニー・ブレア首相（当時）は、第4子の誕生にあたって、育児休暇を取得しました（正確には、制度上の育児休暇ではなく、仕事量を減らすという選択をし、結果的に2週間の休暇を取りました）。このことは、英国内において、大きな議論を巻き起こし、世界中の注目をも集めることになりました。

ちょうどその年、父母に等しく育児休暇を与えることとした「雇用関係法」が英国で成立したばかりで、タイミングは最高だったと言っていいかもしれません。しかし、仮にも国で最も責任が重いと言える一国の首相です。「数週間も国務をおろそかにすべきでない」といった意見も根強かったのです。

しかし、結果的には「首相が育児のために休暇を取るなんて、イギリスは進歩的である」として国際社会には受け止められ、ブレア首相の国内の支持率も急上昇しました。

首相が育児休暇を取るような国ですので、英国では職員の方もプライベートを大切にしています。私は実際、ケンブリッジの卒業論文のために、英国の内閣府(Cabinet Office)にインタビューを実施しましたが、その際に英国内閣府職員のワーク・ライフ・バランスを垣間見ました。

英国でも、日本同様に官庁街はロンドンの一角に固まっていて、その地名から「ホワイトホール」と呼ばれています。英国の官庁の人事管理制度について、約1時間半にわたるインタビューを終えて帰るとき（17時半ごろ）、普段いつ頃まで仕事されるんですかと聞いたところ、「うーんこの時間くらいまでかな」ということでした。私は終業時刻を気にせず長々と引き止めてしまったのかもしれないと、反省しました。日本の官庁では、「不夜城」と揶揄されるほど長時間勤務が常態となっていますが、英国の官庁では、18時前後で退庁するのが通常であり、19時を過ぎると閑散とし、20時以降に働く者は極めて少ないとされています。これほどに日英において勤務時間の差が生じるのは、国会業務における行政府の負担が日本よりはるかに小さいことや、意思決定のプロセスが非常に簡便ということが挙げられます（「英国財務省について（最終報告）」高田英樹）。

英国と日本は同じ議院内閣制の形態を取っており、両国においてこれほどの差が生じる必然性はないと思われます。また、英国においては（欧州一般にそうですが）官庁に限らず、深夜残業はほとんど見かけません。それだけプライベートや家族との時間を大切にしているのです。日本においても、総理大臣を始め各界のトップが育児休暇を取得するくらいの取り組みが必要ですね（その前に、育児休暇を取れるくらい若い、30代、40代のリーダーの出現が望まれますが）。

全国最年少市長のワーク・ライフ・バランス

日本の総理大臣も官僚も、英国のワーク・ライフ・バランス度には遠く及びませんが、内閣府の先輩でも豪快にワーク・ライフ・バランスを実践している方がいました。

その方は樋渡啓祐さんといい、現在は佐賀県武雄市長をされていますが、私が出会った当時は、内閣府の係長をされていました（2005年の初当選当時36歳の全国最年少市長）。実は私が内閣府に入ろうと思ったきっかけは、就職面接（正確には「官庁訪問」と言いますが）で樋渡さんと出会い、話を聞かせて頂いたからです。

公務員の方はよく知っていると思いますが、中央省庁に就職するには、人事院が実施するI種（大卒、幹部候補）、II種（大卒）、III種（高卒相当）のいずれかの試験を受ける必要があります。しかし、試験に合格するだけでは希望する省庁に就職することはできず、希望する省庁に試験合格後（私のときは試験に合格する前でしたが）に通って面接を受ける必要がありました。これを「官庁訪問」といいます。「訪問」という、学生が自主的に行う体裁を取っていますがその実態は面接試験であり、官庁訪問しなければ就職することができません（ペーパー試験に合格しても官庁訪問でどこからも内定がもらえない場合は就職浪人となります。そのため国家公務員受験生は、民間や地方公務員試験を併願することが多いです）。

環境省、農林水産省、内閣府に興味があった私が内閣府の官庁訪問で出会ったのが樋渡啓祐さんでした。世間知らずの私は、国連に代わる世界連邦を作りたいとか、核のない世界を作りたいとか壮大な夢物語をしゃべったような記憶があります（笑）。樋渡さんはその話を聞いてくれ、さらに樋渡さんの内閣府での仕事ぶりをお話しくださいました。それがとてもエキサイティングで、普通の役人ではあり得ないような自由人に思えました（実は、後日普通の役人でないことが判明したのですが……）。

樋渡さんは沖縄政策関係の法案作りに携わっており、大変忙しい毎日を送っておられるということでした。しかし、何ヶ月かの忙しい期間を終えたら、2週間の長期休暇を取って海外に遊びに行くという話を聞かせてくれました。**霞が関は毎晩深夜残業するような忙しい職場と周りから常に脅されていた私にとって、びっくりするような話**でした。実際、政策作りには非常に関心があったものの、徹夜は麻雀でしかしたことのない私にとって、そのような激務が務まるのかという不安がありました。

今でいう、ワーク・ライフ・バランスですが、樋渡さんの、役人らしからぬ自由な働き方と発想に驚かされました（2011年の東日本大震災直後にも、いちはやく被災民の受け入れを表明するなど、武雄市長の行動力は全国から注目されています）。

官庁訪問では既に環境省から内定をもらっていた私は内閣府には「様子見」のつもりで回っていたのですが、樋渡さんと出会って「内閣府って面白い」と思い、最終的には内閣府で働くことになりました（実は、樋渡さんの側でも、面白い受験生がいる、と人事に働きかけていたそうです。道理で、トントン拍子で官庁訪問がその後進んであっという間に内定がもらえたはずです）。

樋渡さんに触発されて、私も2週間の新婚旅行休暇を勝ち取ったり、仕事が早く終わったときには（あるいは早く終わらせて）18時台に速攻で帰宅したりしています。

ジョン・レノンが愛した軽井沢でのんびり&リラックス

仕事では、「必要か否か」で意思決定を行う必要がありますが、プライベートでは決してそうではありません。そこでの判断基準は単純に「好きか嫌いか」で十分です。どちらかというと私自身、効率的な生き方を追求するあまり、休日の土日にまで、勉強や異業種交流会をめいっぱい詰め込んでしまったこともありました。**しかし、そのような生き方では、心も体も疲れてしまい、月曜日からの仕事にもスッキリと取り掛かれない**ことがよくわかりました（プライベートまで「必要か否か」を持ち込んでしまうと、息が詰まってしまいます）。それ以来、仕事を離れた場では、自分にワガママに、「好きか嫌いか」で物事を決めています。

例えば、旅行についても、私が国内でよく行くのは軽井沢です。私の楽しみ方は、気の向くままに、のんびりカフェに入って思索や読書にふけったり、旧軽井沢銀座をぶらぶら歩いてミカドコーヒーのモカソフト（アイスクリーム）を堪能します。きれいな空気を感じたいときには、白糸の滝などを見に行って周辺を散策します。一休みしたいときには千ヶ滝温泉に立ち寄ります。豊かな自然と洗練されたカフェ、温泉とアウトレットモールが整備された軽井沢は、私にとって常にリラックスできる場所です。日本を代表するキリスト教思想家・内村鑑三やビートルズのメンバーのジョン・レノンが軽井沢をこよなく愛したというのもうなずけます。

以前は、国内旅行も、1度行ったことがある場所より、まだ行ったことのない場所を優先的に選んでいました。しかし、私が**旅行に求めているのは、新しい風景、新しい経験というより、心と体を十分に休め、のんびりリラックスすること**です。これに気づいてからは、何度も飽きずに軽井沢を訪れています。特に予約もせず、突然思い立って出かけることもあります。東京上野から、長野県軽井沢までは、長野新幹線でわずか1時間、車でも、私の住む都内北部から（渋滞がなければ）3時間弱で行くことができる手軽さも、魅力の1つです。

ニート支援の活動

私は２００９年1月から7月まで、ニートやひきこもり対策を盛り込んだ、青少年分野の基本法と言われる「子ども・若者育成支援推進法」という法律の制定作業に携わることができました。

役人にとって法律は「飯の種」ですから、多少は法案作成作業をかじったことはありましたが、今回は本格的な新法の制定、そして最も実務的な中心となる役割を担う担当課長補佐として法案準備室に入るということで身が引き締まりました。とはいえ、ニートやひきこもり対策については素人です。法律の条文作成と並行して、この分野の勉強を進めました。

法案作成の作業というのは、条文の一語一語を丹念に詰めていく作業になります。そして、その一語一語について、内閣法制局という、政府提案の法案全てを担当する役所から深夜に及ぶ審査を毎晩頂いた上で、書き上げていきます。法案を書き上げ、何百問もの質問を各省協議と言われる折衝の中でこなして、閣議決定まで持っていくのが第一の山場です。さらに、国会の衆議院、参議院の各委員会の質疑をこなすのが第二の山場でした。

このようなプロセスを経て、衆議院の解散が目前に迫る中、2009年7月1日にこの法案は本会議において成立しました。文字通り寝食を忘れて、また身を削る思いで作った法律です。大げさですが、私とともに法案作成作業に携わった他の3名の職員や当時の幹部も同じ思いではないでしょうか。

成立してみると、この法律は若者支援の活動をしているNPO（非営利組織）に非常に歓迎されていることを知り、嬉しくなりました。今は国際交流の部署に異動となり、直接的にニート、ひきこもり対策の担当からは外れましたが、プライベートでもニート支援の活動を続けています。私自身、ニートやひきこもりの問題は日本社会の生きにくさが背景にあるのではという個人的な思いがありますので、法案成立後も、若者支援のNPO、また国や自治体や教育関係者や医療関係者など立場は様々ですが、この問題に一緒に取り組んでいます。そのご縁で、法案を作成した立場から解説してほしいという有り難いお誘いを頂き、時々勉強会や講演会で話をさせて頂いています。

こういった活動は公務ではなく、業務時間外に行っています。

国の仕事というのは「お客さん」は一般国民ということになります。市役所などでは窓口で市民の方とお話しすることもできますが、**国の仕事では、お客さんである一般国民の方と直接お話しする機会はそうそうありません。仕事のフィードバックが受けられないので、自分の仕事がどのように役に立っているかわからない**のです。そのような中で、この法律は一部の自治体や若者支援のＮＰＯには歓迎されており、非常に有り難いことです。私のような者でもお役に立てるのであれば、今後も手伝わせて頂きたいと思い、活動を続ける予定です。

スポーツジムには行くな

プライベートを充実させるには「健康」も大切です。そこで私のおすすめ健康法を紹介します。それはずばり「歩く」ことです。「歩く」という行為は、からだの筋肉の6割から8割をまんべんなく動き出させる働きをする全身運動だそうです。その結果、**新鮮な酸素が取り込まれ、心臓や内臓は活気を取り戻し、血液の循環がよくなる効用**があります。

私は特にスポーツなどはやっていないのですが、できる限り歩くようにしています。私の場合、家から駅までと駅から職場までの片道で約３５００歩なので、平日は往復で７０００歩稼げる計算になります。それ以外に、昼食に外に出たときに歩いたり、仕事で外の打ち合わせに行ったりすると２０００〜３０００歩となり、合計で1万歩となります。

1日1万歩が健康にいいという根拠は、平均的な現代人の摂取オーバーとされているカロリー（２００kcal）と体内に蓄えられた１００kcal の合計３００kcal を燃やすのに必要な歩数が大体1万歩だということだそうです（日経ＢＰセカンドステージ Dr. 鷲崎の健康エビデンス第6回健康のための「1日1万歩」に根拠はあるのか？）。

歩くのが健康にいいと言っても、なかなか習慣化するのが難しいかもしれません。そんなときに重宝するのが「万歩計」です。**私も以前、万歩計を買って歩数を記録していました。**面白いもので、歩数を記録するようになると、できるだけ稼ぎたいという意識がはたらくのです。「レコーディングダイエット」と同じ原理ですね。これまで無意識にエスカレーターやエレベーターに乗っていたのをやめて、階段を意識的に使うようになります。

以前、職場がビルの11Fにあったとき、階段で往復していました。これはあまり歩数は稼げないのですが、結構息切れがしていい運動になりました。ただし、朝出勤したとたんにハァハァ言いながら、「おはようございます」というのはかなり恥ずかしかったです（笑）。

お金をかけなくても運動はできるというのが私の持論です。月に5000円など、結構なお金を払ってスポーツジムの会員になる方もいますが、元が取れるくらいきっちり通っている人にはあまり出会いません。万歩計は、1000円程度のもので十分ですので、運動不足を感じている人は、手軽にできるエクササイズとして、万歩計ウォーキングをおすすめします。

新しいスポーツに挑戦する効能

これまで経験したことのない、新しいスポーツに挑戦することも、よい気分転換になります。私は普段はウォーキングくらいで特別な運動はしていないのですが、ケンブリッジにいるときに、MBATと呼ばれるスポーツ大会に参加してきました。イギリス、フランス、イタリア、スイス、スペイン、トルコ、オランダの13校のビジネススクールから2000人の参加者が26のスポーツで4日間にわたって戦うのです。会場は、例年、パリ郊外のHEC（フランス語でアシュウセイと読みます）にて行われます。

私は、「クリケット」という日本人にはあまり馴染みのないスポーツに挑戦しました。クリケットは、半径70メートルほどの広大なフィールドで行われる野球に似た競技です。イギリス発祥のスポーツなので、英連邦諸国のインド、オーストラリア、ニュージーランド、南アフリカなどではラグビーやサッカー（ただし英国ではサッカーと呼ばずフットボールと呼ばれる）と並び絶大な人気を誇っています。実はサッカーに次ぐ第二の競技人口とも呼ばれ、100以上の国で行われています。

私は小学校の頃、少年野球をやったことがあるので、多少は有利かと思っていたのですが、期待は見事に裏切られました（笑）。野球の技術がクリケットに応用できないこともないですが、少し違います。むしろ、打つ方は野球よりゴルフに似ているような気がします（といってもゴルフやったことないんですが）。「バット」と呼ばれるこん棒のような木製板をアッパースイングするような感じで打ちます。ちなみに野球で言うバッター（打者）はクリケットでは「バットマン」と呼ばれます。守備は野球と同様ですが、グローブを使わず素手で捕球するのにボールが硬いので、怪我をしないように気をつけないといけません。ピッチャー（ピッチャーは「ボウラー」と呼ばれる）は助走可です。ひじを曲げない以外は野球と一緒なので、思ったより難しくなかったです。

ただ、幾つかの点において、野球に親しんでいると謎が多いです。例えば、バットマンが打った後に「バットを持って」走らなければいけないのが何故なのかわかりません。野球の感覚で、うっかりバットを置いて走ったら注意されました（笑）。また、走るのは打ったバットマンばかりでなく、もう1人近くにいる次のバットマンも一緒に走るのです。しかも走る方向は、野球で言う2塁、つまりボウラー（投手）方向にいきなり走り、向こうに到着すると折り返してバッターボックスに向けて走りだします。さらにこのクリケット、試合中には何と「ティータイム」があります。優雅な「紳士のスポーツ」と呼ばれるゆえんです。

野球に慣れ親しんでいる日本人には理解できない部分もありますが、イギリス人やインド人が熱狂的にクリケットにのめり込んでいる理由が少しわかったような気がします。このように、新しいスポーツに挑戦することで、新しい世界が広がったことはよい経験となりました。

昼休みに娘の顔を見にいくエリートサラリーマン

スイスで仕事をしている友人がいます。ケンブリッジで一緒に勉強した国際派の彼は米国のシリコンバレーで仕事をしたこともある、マーケティング・セールスの専門家です。その彼に、スイスでのワーク・ライフ・バランスの様子を聞きました。

彼は職場から近くにアパートを借りているのですが、昼休みにはまだ小さい娘さんの顔を見るために帰宅しているというのです。昼食を奥さんと一緒に取り、午後また出社します。ちなみに彼が仕事を終えて19時に帰宅する頃には、彼のアパートの近くで子どもと遊んでいるパパたちによく会うそうです。そのパパたちは、17時か18時には仕事を終え帰宅し、家族と夕食を取った後19時頃には近所で子どもと遊ぶのを日課にしているそうです。

これが通常なので、とりたててワーク・ライフ・バランスという用語も必要ありません。また、19時を過ぎて職場に残っている職員は、所定の時刻までに成果を出すことができないことから、「仕事ができないやつ」だと思われるそうです。

日本は「1週間当たり労働時間が50時間以上の労働者割合」が主要先進13ヵ国中1位（労働政策研究・研修機構編『データブック国際労働比較2005』）。労働時間が長いことは、別に悪いことでもないかもしれません。相応の成果さえ出ていれば。

しかしながら、従業員1人あたりの付加価値額である労働生産性についても、OE

CD（経済協力開発機構。いわゆる先進国）33ヶ国中22位、主要先進7ヶ国中では最下位なのです（日本生産性本部『労働生産性の国際比較（2010年版）』）。前述のスイスよりはるかに順位が下です。実際、スイスやイギリスは、労働時間は明らかに短いです。土日や、平日夕方以降にほとんど店が閉まっていたりしますから。消費者には不便な部分もありますが、労働者には優しい社会と言えます。

日本では、残業するやつが偉いとか、出世するとかいう古い文化が相変わらず幅を利かせています（特に霞が関がそうではないか、と言われそうですが、笑）。このようなスイスのワーク・ライフ・バランスの話は、耳が痛いですね。

お客様は神様か？

渡英直後に英国内の銀行であるHSBCに口座を開設しに行ったときの話です。日本と同じ感覚で、まずはケンブリッジ市内の支店に出かけ、口座開設をしたい旨を伝えました。すると、こともあろうか客である私に向かって、「家に帰ってオンラインで口座開設フォームに記入してください」などと言うではありませんか。渡英直後で英会話もつたない私でしたが、勇気を振り絞って「この支店でフォームを記入することはできないのですか？」と何度聞いても「NO」と言うのです。大体、家にパソコンがない人もいそうですし、日本であれば大問題になりそうな気がしますが、郷に入っては郷に従えだと考え直し、素直に帰宅して自宅のパソコンからHSBCのウェブサイトにアクセスし、指示どおりに開設フォームを記入して返送しました。

しかし、まだこれで一件落着ではありませんでした。開設フォームを送信して1週間後に通知が来たのでそれを持参して支店に行き、日本での住所やケンブリッジでの現住所などを聞かれた後、関係書類にサインをしました。しかし、銀行カードは後ほど送りますという言葉を信じて待っていても、いつまでたっても銀行カードが来ません。そのうち、日本の親元（実家）から連絡が来て、なぜかHSBCのカードが日本に郵送されたということでした。一瞬耳を疑いました。さすがに私のつたない英語でも、現住所（ケンブリッジ）と日本の連絡先を間違えるはずがない。大体、ケンブリッジの支店に行って手続きしたとき、ケンブリッジの大学生だと確認したではないか……（学生証明もわざわざ大学に発行してもらって提出した）。

温厚な（笑）私もやや憮然とした顔で再度支店に行き、事情を伝えました。すると担当者は大したことではない、というように鼻歌まじりに「あ、それはごめんなさい。じゃあ再発行するわね」というのです。これにはあきれるしかありませんでした。

慣れというのは恐ろしいもので、その後イギリスでの生活が長くなるとともに、これは本当に大したことじゃないんだな、ということがよくわかってきました（笑）。英国では日本の感覚でいるとカスタマーサービスのレベルが恐ろしく低く、本や注文した商品の配達が約束していた日に何の連絡もなく届かない、といったようなことがよくありました。このＨＳＢＣも、カスタマーサービスに電話すると、ひどいインドなまりの英語が聞こえます。カスタマーサービスそのものを、インドにアウトソーシングしているのです。

しかし、よく観察してみると、**英国ではカスタマーサービスの質が日本と比較して低い代わりに、働く労働者にとっては、高いレベルのサービスや長時間労働を求められない、快適な労働環境**であることがわかってきました。逆に、日本では**消費者は神**

様のように扱われる代わりに、労働者は非常に高い質のサービスの提供が求められる社会なのだと気づきました。日本では、消費者の満足度とひきかえに、労働者の時間と労力を犠牲にしているとも言えるのです。ストレスに追われ時間のないことを嘆くサラリーマンが多い中、社会のあり方についても再考の余地があるように思います。

「新しい霞ヶ関を創る若手の会（プロジェクトK）」に参加して

私は、「新しい霞ヶ関を創る若手の会（プロジェクトK）」という、若手公務員の集まりに参加しています。縦割り意識が前面に出て、「国民全体のため」という視点が後退してしまっている現在の霞が関を内部から変えていくために、政策提言を書籍にまとめて発表し、講演会やグループディスカッションの企画をしています。このような活動をするようになった理由は、**このまま省益に囚われている霞が関の中に埋もれてしまうのではいけない、という強い危機感**があったからです。しかし、この活動に参加して、私と同じような思いを共有する仲間がいると知って、大いに勇気づけられました。

ところで、このような課外活動に参加する上で気をつけるべきことは、「本業をしっかりやる」ということです。

一体、なぜでしょうか?

仮に所属組織を批判したりなど、直接迷惑をかけるような行為をしていないとしても、「あいつはあんな活動を外でしてるから本業に身が入らないんだ」などと、後ろ指を指されることがあるからです。

役所もそうですが、大きな組織ほどその傾向があると思います。本業に差し障りがあるようでは、いけません。このような批判をかわすためには、やはり**本業の成果を人並み以上に出すこと**です。私もそのために、本業と課外活動のバランスには随分と気を使ってきました。業務時間中に課外活動に取り組むなどはもっての他ですが、例えば業務がたまっているときには、本来課外活動の打ち合わせなどが土日に入っていても、休日を返上して出勤し、業務を処理するなど、本業に手を抜かないようにしました(もっとも、休日返上は最後の手段です。土日の課外活動に影響が出ないように、平日に集中力を発揮して業務を終えておくのは言うまでもありません）。

このように、**本業をしっかりやった上で課外活動をしていれば、逆に応援団も増えてきます。**このことが、継続的な活動をする上で大切なことなのです。

ここまで本書では、効率的に仕事をこなす方法やプライベートライフを充実させる方法について、紹介してきました。最終章となる次章では、本書のまとめとして、**仕事やプライベートライフを充実させる上での究極的な目標である「豊かな人生」**というものについて、私なりの考えをお伝えしたいと思います。

第6章

本当に豊かな人生を送るために

英国で気付いた日本病

皆さんは、何を目的に生きてらっしゃいますか。家族のためでしょうか。生活のためでしょうか。自己実現のためでしょうか。

いろんな価値観があると思います。どれが正しいというのもないのでしょう。

本書では、主として効率的な仕事術をお伝えしてきましたが、私は、仕事術は豊かな人生を送るためにあると思っています。なぜなら、効率よく仕事をこなしてこそ、プライベートに十分時間を割くことができ、プライベートの充実が、仕事面でも質の高いアウトプットを生み出すからです。

ここでは、最終章として、私が豊かな人生を送るために、普段大切にしていることや考えていることをご紹介したいと思います。

英国病《えいこくびょう》という言葉がかつて存在したと聞きます。

1960年代以降のイギリスにおいて、経済が停滞する中、充実した社会保障制度等により国民が高福祉に依存したため、勤労意欲が低下し、既得権益にしがみつくことなどにより、さらに経済と社会の停滞を招いたというのです。

しかし、私が滞在した2005年から2007年にかけては、英国病どころか、元気がよい英国という印象を受けました。ロンドンの金融街「シティ」に代表される金融業は好調で、英国経済を引っ張っていました（2008年秋の世界金融危機により、英国も大きなダメージを受けましたが）。

テレビでは、リタイヤ後はオーストラリアかニュージーランドでゆっくり過ごそうという番組が人気でした。また、質の高い教育を求めて、インドや南アフリカ、香港など、かつて大英帝国の支配下にあった国々を中心に、世界各国から留学生が集まってきていました。英国は、こういった国々にとって、未だ憧れのステイタスなのです。

そのような中、英国において私が気付いたのは、**英国病ならぬ「日本病」**でした。バブル経済後の低迷が10年以上にも及んだことからくる不安と自信喪失は、「失われた10年」という言葉を生みました。こういった背景もあるのでしょうが、他国と比べると、日本人には日本（や、自分）の欠点ばかりを探して、長所を見ようとしないネガティブな心的傾向があると感じました。

海外の友人と話していると、希望に満ち溢れていて（あるいは楽観的で）驚くことが多いです。実際、ルワンダや東欧の友人から、「日本のように成功するにはどうしたらよいのか？」と真剣に聞かれました。日本人からすれば「何を今さら」と感じても、彼らにとっては成功した小国日本は憧れなのです。２０１０年には、中国にＧＤＰで抜かれたとはいえ、世界第３位の経済力を維持している日本。途上国からすれば、戦後の焼け野原から経済大国と呼ばれるまで成長できたこと自体がスゴイことなのです（そして、ＧＤＰベースでは、日本は「憧れの」英国の2倍以上の経済規模です）。

個人的には今の状況に対して悲観もしていませんし、日本は非常に底力のある国だと感じています。日本の歴史を知って、特にその思いを強くしました。２０１０年にはＮＨＫの大河ドラマ「龍馬伝」が人気を博しましたが、江戸時代の眠りを覚ます突然の黒船来航から、坂本龍馬たちが活躍した幕末を経て、明治時代に入り日露戦争（１９０４〜１９０５年）に勝利するまでの奇跡的な道のりは、感動すら覚えます。

あの戦争に負けていたら今頃はロシアか欧米の植民地になり、日本語が使えない世の中になっていたことを思うと、現在の状況に感謝を覚えます（ちなみに私は司馬遼太郎が近代を描いた名作「坂の上の雲」を英国滞在中に読み、尚更感慨を深くしました）。

確かに今の日本の政治・経済状況はかつてに比べて順調であるとは言えません。むしろ危機的状況と言ってもいいのでしょう。しかし、**世界に目を向ければ、日本より客観的に恵まれていない国の方がむしろ多い**のです。そのような中で、欠点ばかりを探すのではなく、今の日本（自分）の長所や、少しでもできることを探すことの方が重要ではないでしょうか。

世界に最もよい影響を与えている国

世界に最もよい影響を与えている国はどこでしょうか？　実は、それは日本なのです。米国メリーランド大学と英国のBBCが共同で2005年に行った調査では、日本が世界に好影響を与えていると答えた人々が多い国が33カ国中、31カ国ありました。日本人観光客の世界的なマナーのよさや、日本文化などが背景にあるのでしょう。

実際に、日本通の外国人の友人は、私の周りにもかなり多いです。寿司は当たり前ですが、温泉フリークや、村上春樹ファン（村上春樹の小説はケンブリッジの書店でも売られていました）、浮世絵ファンやミスチル（Mr.Children）ファンまで、日本人の私が知らないような日本のドラマを教えてくれる友人もいました。このように日本が世界的に好感されていることは私自身、海外に出るまで知りませんでしたが、嬉しいことでした。

ちなみに私がイギリス滞在中に、個人的に日本人でよかったと思ったときは、以下の通りです。

・日本製の車や電化製品を見つけたとき
・授業でトヨタの「カンバン方式」「改善（ＫＡＩＺＥＮ）」が取り上げられたとき
・「ビザなし」で渡航できる国が多いと発見したとき（良好な二国間関係を築いたおかげで、日本人は多くの国へビザを必要とせず入国できる）
・日本通の外国人に出会ったとき（寿司は当たり前、温泉フリークも）

・英語版「ドラゴンボール」や「島耕作」を発見して思わず立ち読みしたとき
・映画「Memoirs of a Geisha」（邦題 SAYURI）が公開されたことを外国人クラスメイトが教えてくれたとき

ちなみに、先の調査で日本は世界に好影響より悪影響を与えているとしたのは、中国・韓国のみ。反日政策寄りの教育を行っていることが背景にあると思われます。ただ、もともと国際関係においては、隣国関係では何らかのトラブルを抱えているのが通常と言えます。この調査でも、米国に対するメキシコ、フランスに対する英国など、隣国に対してよくない感情をもつ人々が多いという結果が出ています。

私は現在、青年層の国際交流事業を担当しており、中国人・韓国人と日本人との交流プログラムを実施しています。その中では、様々なディスカッションプログラムやお互いの文化交流を行うことによって、相互理解を進め、友情関係を構築することになり、本当に仲良くなります。また、英国で友達になった中国人・韓国人の皆さんは親日の方も多く、今でも連絡をとりあっています。

私も昔は日本はアジアの中で嫌われていると信じていました。しかし、海外の友人が沢山できてくると、実際にはそうではないことに気づきました。2011年3月に起こった東日本大震災のときにも、世界中から応援のメッセージが届いたことは、記憶に新しいです。このように、**世界のほとんどの国に日本は好かれている**という事実を、日本人として知っておくべきだと思いました。

世界に誇る日本の文化

日本の文化として世界に誇れるものの1つに、「将棋」があります。

「え？　将棋なんて日本人にしかわからないゲームでしょ？」と思われるかもしれませんが、実際にはかなり世界的に認められている奥深いゲームです。日本将棋連盟によると、海外29ヶ国に同連盟の支部があります（2010年10月29日現在）。私はそれを、英国の地で実際に経験しました。

「全英将棋大会」という大会が、毎年開かれています。もちろん、テニスの全英オープンほど有名ではないし、参加者も数十名と少ないのですが、実はかなりのレベルなのです。ロンドンのとある大学の図書館にて、2006年7月29日・30日と2日間にわたって開かれたこの大会に、私も将棋ファンの1人として参加しました。

この大会には、全英を選りすぐった20数名の猛者たちが集いました。その内訳は、イギリス人13名、日本人5名、フランス人1名、キプロス人1名などとなっていました。日本人は、英国に仕事の関係で赴任している方が多かったです。小規模だからレベルは低いかというと、そんなことはありません。日本人の五段、別の日本人の四段、イギリス人の三段の「トップ3」を筆頭に、初段前後がごろごろしていました。私もそのごろごろしている初段前後で、参加者の平均的なレベル。ちなみにこのとき私は、3人のイギリス人相手に1勝2敗でした。対戦相手の1人はイギリス人三段プレイヤーで、どこでミスをしたかわからないうちになんとなく負けてました。ちなみにこのときわかったのが、このイギリス人が『将棋世界』という専門誌を愛読しているということ。日本語が読めないのにもかかわらず。

ところで、将棋の普及に、羽生善治名人（三冠。2011年1月現在）の影響力はかなり大きいようです。将棋好きのイギリス人に話を聞いてみると、チェスの世界大会に出場している羽生名人（羽生名人はチェスでも世界レベルである）が日本のプロ将棋棋士だと知って、そこから将棋への興味をかきたてられたという例が結構ありました。

漢字も読めないはずの外国人には、漢字の書かれた駒を使用するゲームである将棋は、よほど魅力がなければ面倒なはずです。そこで、どうやって将棋を始めたのか、また将棋の魅力は何なのか聞いたところ、チェスもかなりの腕前の方が多かったです。彼らは将棋のルールを知ってその奥深さ、面白さにハマり、もう一切チェスをせずに将棋ばかりやっているということでした。

ご存知じかもしれませんが、チェスと将棋は駒の動きは大変似ています。例えばルックと飛車が同じ、ビショップと角が同じ、キングと王も同じ、ナイトと桂馬はちょっと違うけど似ている、といったように。しかしながら、チェスと将棋のルールで最も大きな違いは、将棋では取った駒を持ち駒として使用できる、という点です。チェス以外にもインドにはチャトランガ、タイにマークルック、中国にシャンチーなど、世界各国に将棋がありますが、取った駒（捕虜にした相手の駒）を自陣の駒として再使用できるという発想は、日本の将棋以外にはありません。このルールの違いが、ゲームに大きな違いをもたらします。チェスではゲームが進むほど盤上の駒がだんだん消えていき、終盤は駒が足りずに薄い試合になることがよくあります（引き分けも多い）。ところが、将棋では持ち駒制度のため、終盤になればなるほど持ち駒が増えていき、それがいつどこで使われるかわからないので、ゲームが複雑になると同時に、エキサイティングで逆転も多い、際どい終盤戦になるわけです。

最近は、正月のＮＨＫ新春お好み将棋対局で、外国人アマチュアが日本人プロに挑戦する番組があります（例えば、２０１１年１月１日放映「新春お好み将棋対局外国人アマ腕自慢！ 夢のプロ棋士に挑戦」など）。このように、日本の将棋にハマっている外国人に海外で出会うことは、**日本の伝統文化への誇り**を思い起こさせられます。

若者の希望

若者の希望がない。最近よく言われる言葉です。就職戦線の厳しさは相変わらずで、

２０１１年卒の学生の10月時点での内定率は57・6％で、１９９６年に調査を開始して以来最低となったそうです（２０１０年12月2日Ｊ－ＣＡＳＴニュース）。いい大学に行く意味はあるのか。いい会社に入る意味があるのか。そのような疑問が出てくる一方で、いい会社に入らなければ、不安定な非正規雇用が待っています。そうなるよりマシと、安定的な大企業や公務員へと、新卒大学生は流れているようです。

根本的には、「いい大学に入っていい会社に就職する」という幸せモデルが崩れたことが原因なのだと思います。そして、それに代わる幸せモデルがない。

しかし、私は今の日本はまだまだ力があると思っています。私はベトナムやタイなど、東南アジアの若い方と話す機会がかなりありますが、彼らの目は希望に輝いています。自信たっぷりに夢を語ることも少なくありません。よく考えてみれば、中国にＧＤＰで抜かれたとはいえ、日本は世界第3位の経済力をキープしています。ヨーロッパのどの国よりも経済力は上なのです。バブル後低迷が続いていると言っても、繁華街に行けば、不況にもかかわらず飲み歩いている人はいっぱいいます。さらに、省エネなど、日本が誇る技術力は健在です。つまり、日本の置かれた状況は他の国と比較すれば、まだまだ「腐っても鯛」。客観的にははるかに恵まれているのです。

発展途上国は経済成長率が高いので、気持ちが前向きなのかもしれません。では、成長が頭打ちになっている先進国ではどうでしょう?

イギリスで私が見たのは、**果敢に挑戦するエリートたちの姿**でした。ケンブリッジ大学の学生たちはリスクを取って起業していました。政治家でも、「鉄の女」と呼ばれたサッチャーは女性初の首相として果敢に証券制度の大改革を行い、金融ビッグバンを主導しました。ブレアは43歳の若さで英国首相の座に就きました。英国は、米国を新興国だと冷ややかに見る一方で、古い伝統や古い家を大事にし、またナショナルトラストに代表されるように、自然や遺跡を大事にしていました。地に落ちた大英帝国のこのようなしたたかな姿勢は、見習う価値があると思います。

どこの国でも、恐れずにチャレンジした人間が、成果を生み出しています。実際、今の若者は真面目でとても前向きです。時々就職活動中の学生に出会いますが、社会貢献意欲を強く持っています(もっとも、「社会貢献」という言葉の先にある、誰に対してどのように役に立てるかと具体的にイメージできている学生は少ないようですが）。今の日本に問題があるとしたら、**経済力が低下したことや、旧来の幸せモデルが崩れたこと自体ではなく、それについて悲観しているメンタルの部分**ではないでしょうか。

家計簿の威力

充実した人生を送るためにも、私は「お金」は大切なものだと考えています。衣食住の選択肢を与えてくれるほか、何より大切なのは、行動の自由、時間の自由を与えてくれるからです。社会人になって一番嬉しかったのは、本を買うのに財布を気にする必要がなくなったことです。今では月に数万円本代に投入していますが、社会人としての必要経費だと割り切っています。

ところで、私は小学校のときから家計簿をつけています。そうしなければ週に150円とかの小遣いが親からもらえなかったからです。当時は面倒だと思っていましたが、今ではお金の出入りを記録しないと気持ち悪いです。母親が、お金の管理を身に付けさせようとしていたのですね。

家計簿は、それ自体お金を生み出す行為ではないのですが、自分のお金の使い方を把握することができます。そして、お金や数字で物事を考える習慣になります。

例えば、大学生の頃は月3万円の食費でやりくりしていました。当時は京都市内のワンルームマンションに4万円で下宿していましたが、食費の3万円と比べても家賃の4万円は非常に高いと考えていました（友人は東京の1人暮らしで月7万円と言っていたので、さらに驚きましたが）。しかし、月3万円の食費をこれ以上少なくすることは、食べ盛りだった私には、とても難しかったです。スーパーの安売りを狙ったりしても、大して効果がありませんでした。それくらいの節約分は、1度飲み会に行けば簡単に吹き飛んでしまいます。それに比べて、家賃の4万円は、もう少し条件の悪いアパートにすれば、3万5000円にすることができました。一気に5000円の節約です。

このように、**節約の努力と、実際に節約できる金額は比例しません。**これも、家計簿をつけていたからこそわかることです。私の経験からは、努力の少ない割に節約効果が大きい支出項目は、**家賃、保険、車**です。これらは**使用量にかかわらず一定の費用を毎月払う固定費なので、節約総額が大きくなる**のです。一方で、大きな努力の割に節約効果が薄いのは、食費、光熱費（電気、ガス、水道）です（もっとも、支出の節約の観点より、資源の節約の観点からこれらはなされるべきですが）。これらは、毎回節約意識をもってちまちまと行動を変えないといけません。そのためには強力な意思を必要とします（ただし、昼の外食を弁当にするのはかなりの効果があります）。

労力をかけるのであれば、最大限の効果を上げたいもの。家計簿をつけることには費用はかかりませんが、その効果は大きいと思います。そして得た効果（節約）は、本を買ったり、自分が成長するために使うなどすると、モチベーションも上がることでしょう。

テレビを捨てることで得られるもの

私は3年以上、テレビをほとんど見ていません。というのも、家にテレビがないからです。テレビがないことによる時間上のメリットは計り知れません。インターネットや読書では、主体的に情報を取りにいくことができます。私が1日に2〜3時間読書の時間が取れるのも、テレビとサヨナラしたからに他なりません。

私は実はテレビっ子なので、ついついテレビがあるとスイッチを入れて、長時間見てしまいます。そのような流されやすい人間にとって、テレビは百害あって一利なし。目的意識がなくだらだらと見てしまうことによる時間のロスは、忙しいビジネスマンにとって大敵です。

私は英国留学中、テレビを見なくても問題ないことに気付きました。英国滞在中は、当然ながら日本のテレビ番組は見られませんでした。BBCのニュースを見ていても日本のニュースはほとんど放映されません。しかし、パソコンのインターネットのニュースなどで、多くのニュースはカバーされるので、テレビがなくても困りません(ちょっと困ることと言えば、日本では毎回見ていたM―1グランプリなどのお笑い番組が見られなくなったことですが、レンタルのDVDで後日見られるので、結局困らないことを発見しました)。さらに最近はiPhoneが出現したので、テレビも新聞も読まないけど、ｉＰｈｏｎｅ（またはアンドロイド携帯）は手放せないという方もいることでしょう。

読書や勉強の時間がないという悩みは、ビジネスマン共通のものであると思います。テレビとの付き合い方を見直す価値はあると思いますが、どうでしょう。もっとも、私も非常に良質のテレビ番組が存在することは否定しません（しかし、比率で言えば非常に少ない）。大切なことはだらだらと無目的に時間を消費しないことなので、明確な目的意識を持っているとき以外はテレビのスイッチを入れないようにする仕組みを作ってもよいと思います。そういう意味で、テレビを家から捨ててしまう方法のほか、テレビのコンセントを毎回抜くなどして、テレビのスイッチを入れるハードルを上げるという手も考えられます。

日本では２０１１年から地デジ（地上デジタルテレビ放送）が始まるところですが、「若者の約半数は、テレビがなくても困らない」というようなショッキングな調査結果があります。これは、２００９年10月に放送倫理・番組向上機構（ＢＰＯ）の青少年委員会から発表されました。

この調査によると、東京都内に住む16〜24歳の男女は、テレビについて、「なくても困らない」「ないほうがいい」「全くいらない」と答えた人が合計で51％に上るなど、なくてもよいとの回答が半数を超えています。また、テレビ、ゲーム機、携帯電話、パソコンの中で最も重要なものを尋ねたところ、「テレビ」との回答は12％にとどまり、携帯電話の70％を大きく下回りました。つまり、若者が触れるメディアがテレビからパーソナルな端末である携帯に移ってきているのです。その意味では活字メディアの新聞も同様です。

時代の流れとともに、自分から情報を取りにいける主体的なメディアが取って代わり、新聞もテレビもメディアとしての役割が低下してきていることは間違いありません。

理屈と直感のバランス

25歳で史上初の将棋7大タイトル（名人、竜王、王位、王座、棋王、王将、棋聖）を独占した現役最強の棋士、羽生善治さんは、**難しい局面では「直感」で最善手を判**

断**すると**語っています。理詰めで10手先、20手先まで読むのがプロと思われがちですが、ああでもないこうでもないと理屈で考えた結果よりも、**それまでの経験の積み重ねから脳が瞬間的に正しいと導き出した答えの方が信頼できる**そうです（『仕事が「速い人」の習慣』ＰＨＰ研究所、Ｔｈｅ21編集部、Ｐ30）。

私自身は高校生のときから、かなりの理屈屋だったのですが、だんだんと直感の力を信じるようになりました。例えば、多くの留学希望者が行く米国ではなく、英国を選んだこともその1つです。

公務員になってからの4年という最短で当初米国留学希望を出していたのですが、職場内のＴＯＥＦＬ（英語試験）の基準点を突破したものの、人事異動の都合で1年間、留学希望にストップがかかりました。結果的に1年遅れの留学となったわけですが、その際には「なんとなく惹かれる」英国留学を希望することに決めました。英国はＴＯＥＦＬでなくＩＥＬＴＳという、ネイティブとの生会話テストもあるハードルの高い英語試験をクリアする必要がありましたし、先輩が沢山いる米国留学に比べて情報が入手しにくいといった問題もありました。しかし、結果的にはケンブリッジ大学という名門大学に運よく合格することができました。そこで多数の友人に恵まれ、また、多くのことを学べたことは、一生の財産になりました。

仕事上の決断、組織内においての決断は、あくまで論理的に決めていく必要がありますが、そうではない**個人の裁量で決められる問題については、理詰めで決めていくことなく、可能な限り個人の感覚を大事に**しています（というより、その方が伸び伸びと生きられます）。私の友人の炭焼き職人・原伸介さんは、「ヒトには理屈を超えて生き延びるための直感力が備わっている」と述べています（『生き方は山が教えてくれました』かんき出版、原伸介）。自然と常に向き合っている炭焼き職人の原さんだからこそ、直感力を活用して生きていくことの大切さを感じているのだと思います。

自分がコントロールできることに集中する

世の中には、自分がコントロールできることとできないことがあります。天候不順で電車が遅れたりすることは、自分でコントロールできない一例です。先日も、富山に出張した際に、富山駅から東京駅までの帰りの特急列車の出発が25分遅れました。私は特に帰りは急いでいなかったのでよかったのですが、JRの駅員にすごい剣幕で怒っているサラリーマンに遭遇しました。

確かに急いでいるときは腹立たしいものですが、怒ったところで電車の遅れが解消するわけではありません。JRのみどりの窓口職員の方も平謝りされていましたが、窓口職員にそもそも遅れの責任があるわけではないのです。きっと窓口職員の方もストレスが溜まることでしょう。その窓口職員の方も家に帰って家族に当たり散らしたりすれば、怒りを拡散するようなことにもつながります。

このように自分でコントロールできないことに怒っても、(その人自身の感情の若干の安定につながるのかもしれませんが) 物事自体は何も変わりません。それより、この状況の捉え方を変える方がベターです。例えば、富山駅で足止めを食らったとしても、「富山を少し観光する時間の余裕ができたな」あるいは、「コーヒーの1杯でも飲んでゆっくりしよう」と捉えられるかもしれません。物事より、自分の「思考」や「感情」をコントロールすることに集中すべきです。

自分の「外」にあるもの（天候、会社、上司、家族、年齢、他者、環境など）はコントロールできません。この中でも、コントロールできそうでコントロールできないものは、「他者」です。

心理学では、説得しようとすればするほど、説得される側が反発して逆効果になる心理的現象を「ブーメラン効果」と言いますが、**他人を変えることは極めて難しいです。上司や部下、友人を変えたいと思うことは誰にもあるでしょうが、大概の場合、徒労に終わります。**たまに成功したかに見えることもありますが、それは本人が自発的に変わった場合に限ります。誰しも、（他人から見ていかに間違っていると思われても）自分が正しいと思っているので、それを変えることなどおこがましいですし、実際、変えようと意見するのはすさまじい反発を受けることもあります。したがって、本人が自発的に変わろうと心の準備をしている場合を除き、他人には意見しないのが得策です。

自分の「内」にあるもの（思考、感情、考え方、物の見方）をコントロールすることはできます。他人も含め、自分がコントロールできないものではなく、自分のコントロールできることに集中することで、物事を改善できるのです。

霞が関を飛び出す官僚

留学先の英国でクラスメイトから「人生を楽しむ姿勢」を学んで以来、とにかく目の前の仕事や勉強に余裕なく取り組んでいた私も、自分のキャリアや人生について考える機会が増えました。

私の周りの20代後半から30代の友人と話していても、明るい希望や展望を語る人は少なく、先行きの見えない不安や身の処し方について悩んでいる人が多いです。ベストセラーになった『若者はなぜ3年で辞めるのか？ 年功序列が奪う日本の未来』（光文社新書、城繁幸）では、今の若手社員は10年20年会社で我慢しても課長になれない可能性が高く（それどころかリストラされる可能性や、派遣社員に置き換えられる可能性がある）、大企業にしがみつくリスクを指摘しています。

公務員の世界は一番安泰と思われていますが、中途採用や幹部公務員への民間人登用を進める話が出てきています（例えば、朝日新聞「ＧＬＯＢＥ」の２０１０年２月27日インタビューに答える松井孝治内閣官房副長官＝当時）。これまでのように、一度試験に受かれば後は安心という時代は既に過去のものになりつつあり、これからは民間から登用された上司の下で働き、昇進は頭打ち、といったケースも増えてくることでしょう。

実際に、公務員の世界に見切りをつけて民間に転出する官僚も珍しくありません。平成９年から平成13年までの５年間に海外留学した国家公務員のうち、10人に１人は早期退職したそうです。実際、私の同期も何人も辞めて別の道を歩き出しています。また、私の尊敬する先輩であり、「新しい霞ヶ関を創る若手の会（プロジェクトＫ）」の代表を務めていた朝比奈一郎さんは、２０１０年に経済産業省を退職し、同じくプロジェクトＫを一緒に作ってきた文部科学省の遠藤洋路さんとともに、青山社中株式会社を創業しました。

日本においても、このように様々な生き方、キャリアを志向する方が増えています。私が英国ケンブリッジで出会ったクラスメイトたちも、キャリアアップのために、在学中から転職活動に余念がありませんでした。そして、恐れずにチャレンジする英国のエリートの存在は、私の目に焼きついています。

今の日本は、経済力が低下したことや、旧来の幸せモデルが崩れたことを嘆いている暇はありません。社会の様々な分野で、「待ったなし」の改革が求められています。思い起こせば、私たちの先輩の日本人は明治維新から40年も経たないうちに日露戦争に勝利して列強の仲間入りを果たし、また第二次大戦後の焼け野原からあっという間に経済大国を作り上げました。私たちにもその血は流れていますし、日本にはこれほどの成果を生み出す、チャレンジ力が備わっています。

労働市場が流動化に向かっていることや、ツイッターやフェイスブックを使って世界中につながれること、グロービッシュという簡単英語を使ったコミュニケーションが広がってきたことは、新しいことにチャレンジするには、全て好材料です。

今の地位に安住することなく、挑戦すること。欠点ばかりを探すのではなく、長所に目を向け、今の自分にできることを少しずつでも始めていくこと。それが、この国のために、そして本当に豊かな人生を送るために必要なことだと思います。

おわりに

最後までお読みいただき、本当にありがとうございました。

本書は、私の初めての著作です。本書のタイトルである「官僚に学ぶ仕事術」に名前負けしないような内容を私に書けるのか、一抹の不安もありました。また、出過ぎたことをすると後ろ指を指されることが多い官庁に属する者として、このような内容の本を発表することにはためらいもありました。

しかし、平均月間残業時間が100時間を超えるという過酷な労働環境で知られる霞が関の中で、腰痛やイボなど体調の悪化にも悩まされながらも効率的な業務のあり方を追求してきた経験や、プライベートでも「新しい霞ヶ関を創る若手の会（プロジェクトK）」などで人脈構築やボランティア活動に取り組んできたことは、今まさに仕事に追われ余裕のないことを悩んでいるビジネスマンにもひょっとしたら役立つことがあるのではないかと思い、勇気を出して発表することにしました。

私はニート、ひきこもり対策の「子ども・若者育成支援推進法」を立案する中で、現代の多くの若者が不安を抱え、悩み、苦しんでいることを実感しました。しかし、それでは「勝ち組」と言われて正規雇用に就いているエリートサラリーマンは安泰で余裕があるかというと、全くそんなことはありません。右肩上がりに経済成長する時代が終わり、企業に余裕がなくなる中、正規職員の数を減らし非正規雇用に切り替えている分、正規職員の責任や負担はますます重くなり、少なからぬ私の友人は家族を顧みる暇もないほどの仕事に追われているのです。

そのような中、本書の執筆を進めている過程で、東日本大震災が発生しました。この未曾有の大災害に際し、亡くなられた方々へのご冥福を心よりお祈り申し上げます。また私の友人も含め、被災された方々が1日も早く復興し、元気を取り戻されることを祈ります。私たち官僚も、現地あるいは東京の災害対策本部詰めとなる班と、抜けた人員の穴を皆でフォローして通常業務を分担する班に分かれ、働いています。

一個人としては、この震災は、私たちの社会のあり方を変える転換点になるのではと感じます。東京のような都会でも、電力や交通の麻痺にいかに脆弱かを思い知らされましたが、本当に困ったとき、いざというときに頼れるのは助け合いの心だったのではないでしょうか。安否情報や支援情報を既存メディアに先駆けて交換するなど、ツイッターのようなソーシャルメディアが、失われたコミュニティの一部の機能を補完し、新たな助け合いの形も生まれています。私たちが忘れてしまった大切なもの。人のつながりとか、コミュニティとか。そういう精神的な価値も含めて復興することが必要だと考えます。

急速な少子高齢化が進む日本において、社会保障や税金という形で、私たち若い世代への負担がますます大きくなる中、震災が追い討ちをかけたという見方も可能でしょう。しかし、本書で紹介したように、日本人は危機になると、急激に力を発揮して奇跡に近い力を発揮する国です。

江戸時代の眠りを覚ます黒船来航からあっという間に日露戦争に勝利し、欧米列強と伍するまで国力を高めた幕末・明治の志士たち。そして、戦後の焼け野原からの復興を、世界第2位の経済規模という奇跡の形で実現したのは、私の父親の世代でした。その団塊の世代が退職する今、大震災後の日本を支えていくのは、間違いなく私たち20代、30代の若い世代です。

欠点ばかりを探す日本病に陥ることなく、長所に目を向け、少しでも今の自分にできることに挑戦していくことが、個人レベルの成功でも、国レベルの復興でも、奇跡を起こす第一歩だと私は確信しています。

今後も、私はブログやツイッターを通じて、20代、30代のビジネスマンのお役に立てるような情報、日本が元気になるような情報を発信していきます。巻末のプロフィール欄にURLを記載していますので、もしよかったら気軽にフォローしてみてください。

本書は、多くの方の協力なくしては、決して完成することがありませんでした。若輩者の私をいつも指導してくださった職場の先輩、同僚たち。国際交流の現場で志を同じくするIYEOの仲間たち。ケンブリッジ、ヨークで出会った友人たち。青山社中、プロジェクトK、クロスオーバーの仲間たち、そして丹念に原稿を読んでくれた友人たちに心からの感謝を。ここに全ての名前を挙げることができませんが、本当にありがとうございました。

本書を世に出すきっかけを与えてくださったネクストサービス株式会社の松尾昭仁

代表取締役ＣＥＯ、コンセプトワークス株式会社の天田幸宏代表取締役、そして本書の制作にあたり多くの指導を頂いた株式会社マイナビの小山太一さんに、心から感謝いたします。

最後に、この本を手にとってくださったあなたへ。この出会いに深く感謝します。忙しい毎日を送っているあなたに、この本が少しでもお役に立てば著者として最高の喜びです。

２０１１年５月　久保田　崇

参考文献

『複業の達人』（メディアファクトリー、中谷彰宏）
『ダッセン』（HID BOOKS、長岡秀貴）
『サムライフ』（HID BOOKS、長岡秀貴）
『仕事が「速い人」の習慣』（ＰＨＰ研究所、Ｔｈｅ21編集部）
『キャリアも恋も手に入れる、あなたが輝く働き力』（ダイヤモンド社、小室淑恵）
『心理学入門』（ナツメ社、久能徹、松本桂樹）
『面白いほどよくわかる！心理学の本』（西東社、渋谷昌三）
『これだけは知っておきたい「心理学」の基本と実践テクニック』（フォレスト出版、匠英一）
『若者はなぜ3年で辞めるのか？年功序列が奪う日本の未来』（光文社新書、城繁幸）
『人を動かす』（創元社、Ｄ．カーネギー）
『話し方入門』（創元社、Ｄ．カーネギー）
『仕組み仕事術』（ダイヤモンド社、泉正人）
『ＴＯＥＩＣテスト９００点・ＴＯＥＦＬテスト２５０点への王道』（ダイヤモンド社、杉村太郎）
『ハーバード・ケネディスクールからのメッセージ』（英治出版、池田洋一郎）
『英国財務省について（最終報告）』（高田英樹、http://www.geocities.jp/weathercock8926/

treasuryfinalreport.html)
『坂の上の雲』（文春文庫、司馬遼太郎）
『ボロボロになった覇権国家（アメリカ）』（風雲舎、北野幸伯）
『通勤電車で寝てはいけない！――通勤電車と成功の不思議な法則』（三笠書房、久恒啓一）
『The Photoreading Whole Mind System』（Learning Strategies Corporation、Paul R. Scheele）
『週刊東洋経済』（東洋経済新報社）２０１０年9月18日号
『労働生産性の国際比較（２０１０年版）』（日本生産性本部）
『データブック国際労働比較 ２００５』（労働政策研究・研修機構編）

企画協力

ネクストサービス株式会社……松尾昭仁
コンセプトワークス株式会社……天田幸宏
岩見浩二

図版協力

図解改善士…多部田憲彦

●著者プロフィール
久保田崇（くぼた・たかし）
内閣府参事官補佐。１９７６年、静岡県生まれ。京都大学総合人間学部卒業後、国家公務員採用Ｉ種試験（法律職）に合格し、２００１年内閣府入り。ニート対策を内容とする「子ども・若者育成支援推進法」の制定等に携わる。２００５年、英国ケンブリッジ大学にて経営学修士号（ＭＢＡ）を取得。海外エリートたちの「人生を楽しむ姿勢」を学ぶ。過酷な労働環境で知られる霞が関の中でも効率的な業務を追求し、独自のワーク・ライフ・バランスを確立。プライベートでも、異業種交流会の運営や、ＮＰＯ法人新しい霞ヶ関を創る若手の会（プロジェクトＫ）理事を務める。日本心理カウンセラー協会正会員。年間数百冊読むフォトリーダー。
ブログ：「現役官僚@久保田崇のブログ」http://ameblo.jp/takashi-kubota/
Facebook：「久保田崇」http://www.facebook.com/kubota3
ツイッター：「久保田崇 @ 現役官僚」http://twitter.com/#!/takashi_kubota

マイナビ新書

官僚に学ぶ仕事術

2011年 5月31日 初版第1刷発行
2011年11月25日 初版第15刷発行

著　者　久保田崇
発行者　中川信行
発行所　株式会社マイナビ
〒100-0003 東京都千代田区一ツ橋 1-1-1 パレスサイドビル
TEL 048-485-2383（注文専用ダイヤル）
TEL 03-6267-4477（販売部）
TEL 03-6267-4444（編集部）
E-Mail pc-books@mynavi.jp（質問用）
URL http://book.mynavi.jp/

装幀　アピア・ツウ
DTP　富宗治
印刷・製本　図書印刷株式会社

●定価はカバーに記載してあります。●乱丁・落丁についてのお問い合わせは、注文専用ダイヤル（048-485-2383）、電子メール（sas@mynavi.jp）までお願いいたします。●本書は、著作権上の保護を受けています。本書の一部あるいは全部について、著者、発行者の承認を受けずに無断で複写、複製することは禁じられています。●本書の内容についての電話によるお問い合わせには一切応じられません。ご質問等がございましたら上記質問用メールアドレスに送信くださいますようお願いいたします。●本書によって生じたいかなる損害についても、著者ならびに株式会社マイナビは責任を負いません。

©2011 KUBOTA TAKASHI ISBN978-4-8399-3857-4

Printed in Japan